동성애 혐오의 원인과 해방의 전망

마르크스주의적 분석

국립중앙도서관 출판예정도서목록(CIP)

동성애 혐오의 원인과 해방의 전망 : 마르크스주의적 분석 /
 지은이: 노라 칼린, 콜린 윌슨 ; 옮긴이: 이승민, 이진화.
ㅡ 서울 : 책갈피, 2016
    p. ;   cm

원표제: Roots of gay oppression
원표제: Socialists and gay liberation
원저자명: Norah Carlin, Colin Wilson
영어 원작을 한국어로 번역
ISBN 978-89-7966-118-7 03330 : ₩10000

동성애[同性愛]
마르크스 주의[ㅡㅡ主義]

334.226-KDC6
306.766-DDC23   CIP2016016022

동성애 혐오의 원인과 해방의 전망

마르크스주의적 분석

노라 칼린, 콜린 윌슨 지음 | 이승민, 이진화 옮김

책갈피

동성애 혐오의 원인과 해방의 전망
마르크스주의적 분석

지은이 | 노라 칼린, 콜린 윌슨
옮긴이 | 이승민, 이진화
펴낸곳 | 도서출판 책갈피

등록 | 1992년 2월 14일(제2014-000019호)
주소 | 서울 성동구 무학봉15길 12 2층
전화 | 02) 2265-6354
팩스 | 02) 2265-6395
이메일 | bookmarx@naver.com
홈페이지 | http://chaekgalpi.com

첫 번째 찍은 날 2016년 7월 18일
두 번째 찍은 날 2016년 9월 9일
세 번째 찍은 날 2017년 5월 19일

값 10,000원

ISBN 978-89-7966-118-7 03330
잘못된 책은 바꿔 드립니다.

차례

일러두기

1. 이 책은 Norah Carlin, "The roots of gay oppression", *International Socialism* 42(Spring, 1989)와 Colin Wilson, *Socialists and Gay Liberation*(Bookmarks, 1995)을 번역한 것이다.

2. 인명과 지명 등의 외래어는 최대한 외래어 표기법에 맞춰 표기했다.

3. 《 》 부호는 책과 잡지를 나타내고 〈 〉 부호는 신문, 주간지, 노래를 나타낸다. 논문은 " "로 나타냈다.

4. 본문에서 [ ]는 옮긴이가 독자의 이해를 돕거나 문맥을 매끄럽게 하려고 덧붙인 것이다. 지은이가 인용문에 덧붙인 것은 [— 지은이]로 표기했다.

5. 본문의 각주는 옮긴이가 넣은 것이다. 지은이의 각주는 '— 지은이'라고 표기했다.

1부
동성애자 억압의 근원

들어가는 글

마르크스·엥겔스와 후세대 마르크스주의자들은 언제나 사회주의 혁명만이 성性을 자유롭고 평등하게 만들 수 있다고 생각했다. 19세기라는 시대적 한계 때문에 성에 대한 이해가 부족한 면도 있지만, 엥겔스는 《가족, 사유재산, 국가의 기원》에서 문제의 핵심을 정확히 짚었다.

자본주의 생산이 전복된 뒤 성의 관계가 어떻게 형성될지에 대해 우리가 짐작할 수 있는 것은 부정적 측면, 즉 주로 사라지게 될 측면이다. 그렇다면 새롭게 등장하는 것은 무엇일까? 새로운 세대가 자라면 그 답을 얻게 될 것이다. … 이 세대는 오늘날 누구나 당연하게 여기는 규범을 조금도 신경 쓰지 않을 것이다. 이

들은 독립적으로 행동하고 개별 행동에 대한 여론을 직접 형성할 것이다. 이것이 다일 것이다.[1]

그러나 마르크스주의적 관점을 설득적으로 주장하려면 미래에 대한 감동적이고 가슴 설레는 문구만으로는 부족하다. 소외되지 않고 자유롭게 사랑하고 욕구를 충족할 수 있는 개인 관계가 가능하다는 것을 증명하려면 인간 성의 과거와 현재, 성과 사회의 경제적·사회적 토대의 관계를 이해해야 한다. 또한 인간의 모든 성적 관행이 사회적으로 형성되는 것임을 효과적으로 설명할 필요가 있다. 일정하게 정해진 자연적 실체라고 할 수 있는 건 오직 인간의 육체밖에 없다(물론 피임 같은 과학기술을 통해 그런 실체도 거의 근본적으로 바꿀 수 있지만 말이다). 육체를 적절히 사용하거나 잘못 사용하는 문제, 인간의 감정과 욕구는 모두 의식의 문제다. 이것이 인간과 다른 종種을 구별하는 기준이다. 마르크스는 1844년에 다음과 같이 썼다.

동물은 자신의 생명 활동과 직접 맞닿은 존재다. 이 둘은 분리되지 않는 하나다. [그러나] 인간은 의지와 의식으로 생명 활동을 만든다. … 바로 이 때문에, 그리고 이 이유 하나만으로 인간은 유類적 존재가 된다.[2]

성을 비롯한 인간의 가장 기본적 활동이 인간 사회에서 총체적으로 만들어지는 것임을 가장 잘 보여 주는 사례는 동성 관계의 역사다.

먼저 인식해야 할 것은 19세기 말 이전에는 '동성애'라는 개념 자체가 존재하지도 않았다는 사실이다. 1869년 헝가리 언론인 벤케르트가 이 단어를 처음 사용했는데, 그 뒤로 서서히 확산돼 가장 널리 쓰이는 단어가 됐고 비슷한 시기에 등장한 다른 표현들, 예컨대 '거꾸로 된 성적 감정', '성도착', '우라니안의 사랑' 등이 전달하려는 의미를 포괄했다.[3] 이런 새로운 단어가 이 시기에 하나도 아니고 몇 개씩 등장했다는 사실은 어떤 특징이나 조건을 지녔다고 여겨지는 사람에 대한 태도가 달라지고 있었음을 보여 준다. 물론 이전에도 동성 간 성적 행위를 죄악이나 범죄로 취급하는 말은 존재했다. 그러나 동성 간 성적 행위가 인간의 근본적 조건이나 특징을 구분하는 기준이라는 관념은 19세기 말에 가서야 분명하게 등장했다.

이런 관념의 등장은 남녀 동성애자를 낙인찍고 책임을 떠넘기는 과정이기도 했다. 편견에 찬 사람들은 이런 꼬리표가 붙은 사람들이 전부 똑같이 행동하고 비슷한 옷을 입고 특정 장소에 자주 가고 동성애에서 비롯한 특정 문제에 부딪힌다고 여긴다(인간이 동성애자와 이성애자라는 범주로 깔끔하게 나뉘지 않는 현실을 설명하기 위해 '사이비 동성애'나 '양성애' 같은 새로운 분류를 만들어 내기도 했다). 1968년 메리 매킨토시는 이 과정을 다음과 같이 설명했다.

첫째, 이런 낙인찍기는 허용되는 행동과 허용되지 않는 행동 간에 분명하고 공공연한 경계선을 만든다. … 둘째, 낙인찍기는 동성애자를 다른 사람과 분리하는 구실을 한다. … 동성애자를 특화해 경멸하고 처벌해서 대다수 사회 구성원을 순수하게 유지하려는 것이다. 범죄자를 멸시하는 [사회적 분위기가] 사람들에게 법을 지키도록 하는 것과 마찬가지로 말이다.[4]

왜 하필 19세기 후반에 이런 관념이 생겨났을까? 변화의 원인은 산업자본주의라는 새로운 현실에 있었다. 제프리 윅스는 다음과 같이 주장했다.

이런 양상은 산업자본주의가 승리하고 도시화가 이뤄져 가족과 성의 관계가 재구성되는 과정의 일부로 바라봐야 제대로 이해할 수 있다. 이런 변화의 결과 새로운 개념과 의미가 생겨나 공식 담론에서 흔하게 쓰였다. 예컨대 '주부', '매춘부', '아동'에 대한 생각이나 '동성애자'라는 개념 등이 그렇다. … 자본주의 가족이라는 구체적 맥락에서 동성애라는 새로운 개념이 생겨났다.[5]

그러나 19세기 말이 중요한 전환점이었음을 인정한다고 해서 그전의 역사를 무시하는 것은 아니다. 일부 역사가는 19세기 이전에도 동성애자를 억압하고 심지어 '집단 학살'한 증거가 많이 있기 때문에 동성애자 억압은 자본주의 사회와 관련된 문제가 아니라고 주장한다. 이들은 (다른 사회에는 존재하지 않는) 서구 특유의 동성애 혐오 전통이 문제라고 지적한다.[6] 이런 견해는 동성애자들이 언제나 인류의 일정 비율을 차지했고 동성애자 하위문화가 거의 언제나 존재했을 것(은밀해야 했기 때문에 역사에 기록되지 않았지만 말이다)이라는 주장과 연결된다.[7]

다른 일부는 최근의 역사가 그전의 모든 역사와 완전히 단절됐다고 주장하며 원시사회나 서구 밖 사회의 동성 관계와 오늘날의 동성애자 억압 문제를 연결하는 게 아무 의미가 없다고 생각한다. 사실상 이들은 19세기 후반 동성애라는 개념이 발명되기 전에는 동성애가 없었다고 주장하는 셈이다.[8]

동성 관계 문제는 가족의 역사와 관련지어 바라봐야 한다. 이 점을 이해하지 못하면 동성애자 억압 문제도 풀 수 없다. 모든 계급사회에서 가족은 성적 순종을 강요하는 핵심 제도였다. 그러나 가족의 형태나 가족이 생산과 맺는 관계는 생산양식이 변할 때마다 매우 근본적으로 바뀌었고 19세기에는 매우 중요한 변화가 일어났다. 산업자본주의 사회의 등장은 기존 관념을 완전히 바꿨다. 가정과 일터가 분리됐고, 이 '분리된 영역'에서 여성과 남성의 임무가 철저하게 나뉘었고, 개인과 사생활이 새롭게 강조됐다. 그 결과 성에 대한 태도가 달라졌다.

이런 변화가 왜 동성 관계를 새롭게 정의하도록 만들었는지, 이 새로운 정의는 예전의 태도나 관행과 어떻게 다른지 이해하려면 성과 가족에 대한 과거의 역사를 살펴봐야 한다. 또 과거에 대한 여러 신화를 반박하고 물질적·사회적·정치적 조건에 따라 성적 관계와 규범이 어떻게 구성되고 변해 왔는지 살펴봐야 한다.

원시사회와 비非서구 사회

서구 기독교 사회를 제외한 대다수 사회에서 동성 관계가 수용됐다는 사실은 매우 중요하다. 그러나 이런 사실을 단순히 제시하고 증명하는 것만으로는 충분하지 않다. 일부 사람들이 종종 이런 사실을 근거로 서구의 태도가 유독 불합리하고 전제적이라고 주장하며 동성애자 억압 문제를 계급이나 자본주의와 상관없는 [서구의] 유별난 문화적 특성으로 설명하기 때문이다.

따라서 서구 밖 사회를 간략하게 살펴봐야 하는데, 특히 동성 관계가 가족이나 성별 노동 분업 같은 기존 제도를 위협하지 않고 사회에서 수용된 방식을 살펴봐야 한다. 동성 관계를 인정하는 사회에 높은 등급을 주고 이를 소탕하려 하거나 처벌하는 사회에 낮은 등급을 주는 식으로 인간 사회에 등급을 매길 수 있다면, 서구 사회는 매우 낮은 등급을 받을 것이다. 그러나 그렇다고 해서 서구 사회가 그 밖의 사회와 본질적으로 다른 것은 아니다. 사회에서 인정받는 성적 관행은 모두 사회의 특정한 생산양식과 재생산 방식을 유지하는 데에 이바지한다. 이런 관점에서 출발하면 통상적 관점, 즉 동성애라는 고정된 개념으로 여러 사회를 들여다보고 '동성애'의 용인 여부만 확인하는 것보다 더 많은 것을 알게 될 것이다.

최초의 인간 사회는 수렵·채집 사회였다. 오늘날에도 여전히 이런 생활양식대로 살아가는 사회가 소수 남아있는데, 그 사회에는 (근친상간을 제외하면) 성 행동에 대한 규제가 거의 없다. 그러나 이런 사회에서도 모든 성적 관계는 협동과 생존을 보장하기 위해 발전된 관습이나 임무의 틀 안에서 일어난다. 성별 노동 분업은 대체로 존재하지만 매우 유연하고 겹치는 일도 많다.[9]

원시적 농업이 시작되고 소·양 등을 사육하면서 가족이나 친족 제도가 더욱 정교해지고 복잡해졌다. 여러 집단이 영토와 비축된 식량을 뺏기 위해 경쟁하면서 전쟁이 생겨났고 성 역할도 더 뚜렷하게 구별됐다. [그렇지만] 이런 사회는 그 후로도 매우 오랫동안 평등하게 운영됐다. 사회가 계급으로 나뉘지 않았고 결혼과 양육 방식이 매우 유연했고 남녀가 평등했다. 이런 사회에서 인정된 동성 관계는 주로 두 가지 형태였다. 첫째는 젠더 전환이다. 서구의 인류학자들이 버다치라고* 부르는 사람들은 비교적 최근까지 존재한 북아메리카 원주민 집단에서 찾아볼 수 있었다. 아메리카 서쪽의 한 부족에서는 이성異性이 하는 일을 선호하는 젊은 남성이나 여성이 족장의 허락을 받아 그 젠더에 들어갈 수 있었고 생물학적 성보다는 후천적 젠더에 따라 '여성' 또는 '남성'의 사회적·경제적 의무를 수행했다. 그들은 이런 젠더에 맞춰 남편이나 아내를 얻었고 사회적 비난을 받지 않고 자유롭게 성적 관계를 맺을 수 있었다. 더 동쪽에 살던 플레인스 인디언 집단에서는 (들소 가죽 무역 때문에 경제와 결혼의 본질이 바뀌면서 여성의 지위가 낮아졌기 때문에 여성으로 젠더를 전환하는 경우가 사라졌지만) 남성 버다치는 19세기까지도 존재했다.[10]

둘째 형태는 성인 남성과 소년의 성적 관계다. 이런 관계는 평범한 소년의 성장 단계 중 하나로 여겨졌고 소년이 자라서 결혼을 하고 아이를 갖게 되면 이제 성인이 된 그가 사회적 비난을 받지 않고 소년 애인을 만났다. 얼마 전까지만 해도 수단

---

* 프랑스어 버다치는 남성 매춘부, 남색자 등을 뜻하며 서구 제국주의자들의 보수적 편견을 담고 있었다. 근래에는 이런 편견에서 자유로웠던 원주민들 자신의 용어를 받아들여 흔히 두 영혼의 사람이라고 부른다.

남부의 아잔데족에서는 군대나 집단 노역에 종사하는 10대 후반에서 20대 후반에 이르는 청년들이 '남자 아내'와 결혼해 지내다가 각자 가정을 꾸리러 떠나곤 했다. 호주의 아란다족에서는 아직 결혼할 여성을 찾지 못한 남성은 10~12살짜리 소년 애인을 구했다. 리비아사막의 시와족에서는 남성과 소년 간 성관계는 정상적으로 여겨졌지만, 연령대가 같은 남성 간의 성관계는 그렇지 않았다. 계급이 존재하지 않던 사회에는 동성 관계를 자연스럽게 여긴 사례가 무수히 많았다.[11]

사유재산을 바탕으로 한 가족과 남성 지배가 등장한 계급사회에도 이전 사회에 존재한 동성 관계의 기본적 형태(젠더 전환, 남성과 소년의 성적 관계)가 아주 널리 퍼져 있었다. 그러나 계급사회에서는 여성의 지위가 낮아지면서 이런 관계가 전혀 다르게 받아들여지기도 했다. 여성의 지위가 낮은 사회에서 '여성스러운' 남성은 푸대접받았고 남성과 소년 간 관계가 더 '남성적'이라는 이유로 이성 간 관계보다 우월하다고 여겨지기도 했다. 14~19세기 봉건시대 일본에서는 남성 사무라이 간 관계가 무사도 규범에 포함돼 있었다.[12]

계급사회에서 여성 간 성적 관계는 결혼과 가족이라는 기존 제도에 지장을 주지 않는 한 사회적으로 인정되는 경우가 많았다. 특히 일부다처제나 그와 유사한 관습을 따르는 사회에서 그랬다. 예를 들어, [실화에 근거한] 17세기 중국 소설 《연향반燐香伴》

은 강제로 결혼하게 된 한 여성이 자신이 사랑한 여인을 첩으로 맞아들이도록 남편을 설득해 행복하게 함께 살았다는 내용이다.[13] 그러나 대다수 사회에서 남성이 문학을 거의 독점했기 때문에 여성 간 성적 관계에 대한 직접적인 증거는 드물다. 더 정확히 말하면 아예 없다. 이 때문에 동성 관계에 대한 역사는 어디서나 불균형할 수밖에 없다. 그러나 무언가에 대한 증거가 없다고 해서 곧 그것이 존재하지 않았다는 근거는 아니라는 점을 명심해야 한다. 오히려 그런 관계를 처벌했다는 증거를 어디에서도 찾아보기 힘들다는 사실이 훨씬 더 중요하다.

그렇다고 모든 사회가 다 동성 관계를 허용한 것은 아니다. 아시리아인이 통치하던 고대 바빌론이나 동성 관계를 맹렬히 반대한 조로아스터교가 우세했던 페르시아, 아즈텍족이 통치하던 페루에서는 남성 간 성행위를 엄격히 처벌했다.[14] 이렇듯 완전히 다른 문화 사이에 공통점이 있다는 것은 더 자세히 연구해 볼 만한 문제다(이 세 지역은 모두 외부의 전쟁 귀족이 토착 농민을 지배했기 때문에 농민들은 지배자들에게 협조하기 싫어 자식을 낳지 않았을 수 있고, 이것이 동성 관계에 대한 지배자들의 부정적 태도에 어느 정도 중요한 영향을 미쳤을 수 있다).

어떤 사회는 동성 관계를 인정하거나 규제할 때 이중잣대를 적용했는데, 특히 남성 간 항문성교에서 '능동적' 역할과 '수동적' 역할을 다르게 대했다. 예를 들어, 고대 이집트에서는 '수동적' 역할이 패배한 적군에게 가해지는 형벌이었을 정도로 불명예스럽게 여겨진 듯하다. 여기서 중요한 것은 고대 이집트인들이 '동성애'에 대해서는 아무 편견도 갖지 않았다는 점인데, 이들이 보기에 남성이 다른 남성과 항문성교를 하고 싶어하는 것은 전혀 이상할 게 없었기 때문이다(이성 간에도 이런 성교 형태를 문제삼지 않았다). 항문성교에서 수동적 역할을 하길 바라는 남성은 이상하게 여겼지만 말이다.[15]

이렇게 역사를 간단히 살펴보는 것만으로도 동성 관계가 뭔가 비정상적이거나 부자연스러운 게 아니라는 사실을 확인할 수 있다. 동시에 결혼이나 남녀 간 성적 관계에 다양한 방식이 있듯이, 사회적·이데올로기적으로 동성 관계를 구성하는 방식도 여러 가지가 있음을 알 수 있다.

지금까지의 설명에서 생기는 개념상의 문제로 양성애를 들 수 있다. 오늘날 많은 남녀 동성애자들은 과거 여러 사회에서 용인된 것이 동성애가 아니라 양성애였다고 말할 수 있을 것이다. [동성 관계가] 기성 제도와 조화를 이뤘다는 것은 당연히 성적 측면에서 가족이나 결혼 생활이 아무리 내키지 않고 흥미롭지 않더라도 (극히 소수를 제외하면) 그런 의무를 회피하기가 어려웠다는 뜻이다. 확실히 과거에는 이른바 욕망이나 애정 때문이라기보다는 사회적 이유에서 이성애적 행동을 많이 했다(그러나 이성애자도 자신의 욕망이나 애정과 무관하게 사회적 의무를 져야 했을 것이다). 이런 압력을 감안한다면, 양성애적 행동을 했던 많은 사람들이 '사실상' 동성애자였다고 말할 수 있을 것이다.

다른 측면에서 보자면, 동성 관계를 양성애적 행동의 일부나 일반적 생활 방식의 한 단계로 바라보고 인정한 사회에서는 '이성애자'를 따로 구분하지 않았는데, 그럴 필요를 느끼지 못했기 때문이다.

이런 딜레마에서 끌어낼 수 있는 합리적 결론은 한 가지뿐이다. 즉, 기술·예술·정치에서와 마찬가지로 사회와 역사에서도 자기규정이 한 구성 요소가 된다는 것이다. 그러므로 성적 지향이라는 협소한 의미만 담고 있는 현대의 동성애 개념은 이 논의에서 반드시 짚고 넘어가야 할 문제이지만, 출발점이 될 수는 없다.

고대 그리스·로마 사회

고전기 그리스(대략 기원전 500~300년)에서는 성인 남성이 소년에게 품는 성적 욕망을 매우 자연스럽게 여겼고, 이것이 결혼이나 자녀 양육과 모순된다고 생각하지 않았다. 어떤 저술가들은 남성 간 성관계에 최고의 찬사를 보내며 '천상의 사랑'이라 불렀고 이것이 남녀 간의 '평범한 사랑'보다 훨씬 더 우월하다고 주장했다. 성인 남자가 아름다운 소년과 사랑에 빠져 구애하고 성관계를 맺으려는 것을 추잡하다고 생각하는 사람은 아무도 없었다. 기원전 6~5세기에 만들어진 항아리에는 남성과 소년 간 "성행위의 모든 단계를 빠짐없이 표현한" 에로틱한 그림이 그려져 있었다.[16] 신화에 나오는 신이나 영웅은 물론이고 많은 유명한 문학가와 정치가에게는 소년 애인이 있었고, 아테네의 참주 정치를 최종적으로 뒤엎은 것도 한 쌍의 남성 연인의 공로로 돌려졌다. 플라톤의 《향연》은 만찬회 자리에서 사랑을 주제로 한 철학적 대화인데, 거기에 등장하는 한 인물은 다음과 같이 설명한다.

페르시아인들이 지적·육체적 만족을 위한 사랑과 더불어 이런 [남성 간의] 사랑을 비난하는 이유는 바로 그들 제국이 전제적인 탓이라고 할 수 있다. 다시 말해, 국민들 사이에서 관대한 마음과 강한 우정과 애정이 자라는 게 정부에 이로울 것이 없기 때문이다.[17]

그렇지만 고대 그리스인의 태도, 특히 정치·문화가 모두 번성했던 아테네인의 태도는 본질적으로 모호하고 모순적이기도 했다. 앞에서 언급한 《향연》의 그 인물은 소년과 사랑을 나누는 남성이 아테네에서 얼마나 존경받는지 설명한 후 다음과 같이 말했다.

그러나 이런 열정의 대상이 되는 소년의 아버지는 자식이 성인 애인과 접촉하지 못하도록 가정교사를 붙여 감시하고, 성인 애인을 둔 소년은 같은 또래나 친구의 놀림감이 된다. … [이런 사실을 생각해 보면] 사람들이 이런 사랑을 아주 부끄럽게 여긴다는 정반

대 결론에 이르게 된다.[18]

또 다른 혼란스러운 증거는 정치가 아이스키네스의 발언이다. 그는 기원전 346년 무렵 자신의 경쟁자 티마르코스를 고소해서 시민권을 박탈하려 했는데, 티마르코스가 소년 시절 남성들과 성관계를 가졌다는 이유에서였다. 일부 사람들은 이런 사실을 근거로 소크라테스·플라톤과 그들의 동료로 이뤄진 지적·사회적 엘리트 집단을 제외한 고대 그리스인들은 사실 성인 남성과 소년의 [성적] 관계를 인정하지 않았다고 주장한다.[19]

그러나 그리스인들이 비난했던 것은 티마르코스 같은 자유민 소년이 돈이나 선물을 대가로 거리낌없이 남성에게 몸을 맡기는 경우였던 듯하다. 그리스인들은 장차 시민이 될 사람이 자발적으로 순종하는 것은 불명예스러운 행위라고 생각했다. 아울러 유혹하듯 말을 걸거나 추파를 던지거나 다리를 꼬거나 해서 애인을 꼬시는 '단정치 못한' 소년의 행동을 풍자하는 희극도 있었다. 이와 관련해서 주목할 만한 사실은 티마르코스의 문란한 여성 관계가 그의 인품이 좋지 않다는 증거로 제시됐다는 것인데, 요즘 같으면 그가 '동성애자'가 아니라는 증거로 사용됐을 것이다.[20] 고대 그리스 사회는 동성 관계에 이중적 태도를 취했다. 그래서 능동적인 성인 남성은 괜찮다고 생각했지만, 성적 대상이 된 소년에 대해서는 기껏해야 애매모호한 태도를 취하거나 심한 경우 꼴사납다고 여겼다. 이에 대해서는 앞에서 이미 설명했다.

(성인 남성과 소년의 관계는 분명 성적 관계였지만) 이들의 관계를 성적 관계가 아닌 다른 각도에서 보면 아동 학대처럼 보일 수 있다. 그리스인들이 정말 아동을 학대한 것일까? 역사가들은 대체로 이 문제에 대해 모호한 태도를 취하는데, 그리스인 스스로도 성인 남성과 합법적으로 성관계를 맺을 수 있는 나이가 몇 살인지 분명히 하지 않았기 때문이다. 대다수 사람들은 그저 수염이 나기 시작하면 아동기가 끝나는 때라고 여겼던 정도였다. 아테네에서는 유복한 시민계급 출신의 소년들이 교육받는 연무장 주변에 성인 남성이 배회하지 못하도록 하는 법률이 있었다. 앞에서 언급한 《향연》의 등장인물은 남성이 어린 소년과 성관계를 맺지 못하게 법으로 금지해야 한다고 주장하고, 훌륭한 애인이라면 "어린 소년과 사랑에 빠지기보다는 그가 어느 정도 지성을 갖출 때까지, 그러니까 수염이 자라는 나이가 얼추 될 때까지 기다려야 한다"고 말한다.[21] 또 소년이나 여성(이들이 노예이든 자유민이든 상관없었고 나이도 중요하지 않았다)과 강제로 성관계 맺는 것을 금지하는 엄격한 법률이 있었고, 남성에게 자유민 출신 소년이나 여성을 성관계 상대로 알선하는 행위를 금지하는 법률도 있었다.[22] 이런 모든

사실로 미뤄 보면, 그리스인들은 허용할 수 있는 관계와 그렇지 않은 관계를 뚜렷이 구별하고 싶어했고 특정 관계에 내재한 위험도 인지하고 있었다.

10대 후반의 소년과 성인 남성은 예의와 명예를 엄격하게 따져 만들어진 여러 격식을 갖춘 일종의 구애 게임을 즐기는 관계였다. 미술·문학 작품을 보면 '훌륭한' 소년은 남성 애인에게 성적 행동을 강요받아서가 아니라 존경과 우정에서 애인의 청을 들어줬다. 예의 바른 애인도 소년이 기꺼이 하려는 것 이상을 강요하지 않았다. 케네스 도버는 아마도 항문성교가 한 가지 문제거리였을 거라고 지적했다. 항아리에 그려진 그림에 남성과 소년 간 항문성교를 묘사한 게 하나도 없는 것을 보면 항문성교를 원하는 성인 애인의 욕구가 소년에게는 골치 아픈 문제였다는 것이다. 그러나 이것은 [항문성교에 대한] 일반적 혐오감 때문이 아니었다. 남녀의 항문성교를 묘사하는 그림은 흔하고, 매춘부와 그 상대자는 피임 방법으로 항문성교를 했던 것으로 여겨진다.[23] 흔히 남성과 소년 간 성관계 관행을 여성의 낮은 지위로 설명한다(가장 민주적이라는 나라에서도 여성은 정치적 권리가 없었고, 아테네에서는 여성을 [남이 보지 못하도록] 퍼다라는 휘장에 거의 가둬 놓는 관습이 있었다). 남성이 성적으로 순종하는 것은 자신을 여성의 신분으로 낮추는 일이라고 여겨졌다. 아이스키네스가 티마르코스는 시민권을 가질 자격이 없다고 비난했던 것도 바로 그가 '여성의 죄를 범했다'는 이유에서였다.[24] 그렇다면 여성의 지위가 왜 그렇게 낮았을까 하는 물음은 여전히 남는다.

일부 사람들은 여성의 낮은 지위, 남성과 소년 간 성행위를 설명하기 위해 고대 그리스의 군국주의를 지목하기도 한다. 국가 간 전쟁이 끊임없이 일어났고 입헌 국가가 발전하면서 시민을 군사적 목적에 따라 분류하기 시작했다는 것이다. 이런 설명은 동성 관계를 특히 스파르타에 있던 부족 제도의 유산으로 여기는데, 이 부족 제도에서는 전쟁에 참가할 나이가 된 남성들이 막사에 모여 함께 살았다고 한다.

스파르타의 제도와 관습에 대해서는 알려진 바가 별로 없고 그나마 있는 자료는 대부분 아테네와 그 동맹국에서 나온 것이다. 기원전 4세기에 활동한 저술가 크세노폰은 스파르타에서는 성인 남성이 소년에게 구애했고 성인 여성도 소녀에게 공개적으로 구애했지만, 남성과 소년 간 성관계는 금지됐다고 썼다. 그로부터 500년 뒤 로마의 한 패러독스 작가는 스파르타에서는 남성과 소년 간 성적 관계가 의무였다고 주장했다. 이것은 사실이 아닌 듯하지만 여전히 통속적 신화로 남아 있다. 테베의 정예부대는 남성 연인들로 구성됐다는 전설도 확증하기 어렵지만, 적어도 고대 아테네에서는 이것이 사실이라고 생각한 사람이 많았다.[25]

고대 그리스 사회가 성을 어떻게 대했는지 이해하려면 다르게 접근해야 하는데, 이들의 태도에 부분적 영향을 미친 것은 생산과 착취에서 노예제가 수행했던 구실이다. 가장 중요한 것은 성과 생식을 분리하는 이들의 태도였다. 웅변가 데모스테네스는 시민계급 아내의 지위와 그 밖의 여성의 지위를 구별하는 유명한 연설에서 다음과 같이 말했다. "정부情婦는 쾌락을 위해 두고, 첩은 우리 몸을 날마다 돌보기 위해 두지만 아내는 합법적 자식을 낳고 가계를 성실히 관리하기 위해 필요합니다."[26] 더 눈여겨볼 사례는 크세노폰이 남편에게 아내의 구실을 설명하는 글인데, 그는 그 글에서 아내가 화장을 해야 하는지, 노예를 어떻게 다뤄야 하는지, 취사도구를 사리에 맞게 정리하는 게 왜 최상의 방법인지 등 매우 세부적인 문제까지도 다 다뤘다. 그러나 출산과 양육에 대한 내용은 빠져 있었는데, 이 문제를 중요하게 여기지 않았기 때문이다.[27]

이런 태도를 만들어 낸 물질적 토대는 두 가지였다. 첫째, 착취 가능한 노동력(부유층과 일부 잘 사는 시민의 부의 원천이다)의 압도 다수는 그리스에서 태어나지 않고 외부에서 사들인 노예였다. 노예의 번식은 생산과 재생산 순환의 일부라기보다는 신중하게 선발된 극소수 남녀 노예에게만 주인이 부여하는 특혜였기 때문에 고대에서는 흔치 않았다.[28] 둘째, 노예를 소유한 자유민 가족이 자식을 많이 낳으려 하지 않았다는 점이다. 그래서 낙태나 유아 살해, 피임 등이 모두 거리낌없이 논의되고 종종 권유되기도 했다.[29] 아마도 이것은 당시 사회가 기술 수준이 매우 낮아 풍요롭지 않았고 노예를 소유한 가정일지라도 잉여의 양이 여러 상속인에게 나눠 주기에는 턱없이 부족했기 때문일 것이다.

성과 생식의 분리라는 특징 때문에 그리스 사회는 특별히 남성 간 성관계를 허용할 수 있었다. 이런 관계에 조건을 달고 [특정 행위를] 금지하고 제한한 것은 여성의 지위가 낮았기 때문이다(이것 역시 자녀 출산이 별로 중시되지 않은 결과였다). 자유민 출신 남성은 나이가 어리더라도 성 역할의 경계를 넘어 자신을 여성의 지위로 '떨어뜨려서는' 안 된다는 중요한 금기 사항이 있었다. 티마르코스는 바로 이 금기 사항을 어겼다는 혐의를 받은 것이었다.

고전기 그리스의 도시국가에서는 시민계급과 비시민계급이 정치적으로 불평등했기 때문에 남성과 소년의 관계가 더 억압적 형태로 바뀌기도 했다. 이런 관계는 좀처럼 언급되지 않지만 존재했다. 아이스키네스는 티마르코스의 재판에서 시민 배심원들에게 호소하며 이런 관계를 넌지시 언급했다.

나이 어린 남자를 쫓아다니는 자들에게 쉽게 눈에 띄는 외국인 방문객이나 거주자를 찾아보라고 하십시오. 그러면 이 자들은 자신의 성적 욕구를 충족할 수 있을 것이고 [아테네 시민인] 여러 분도 아무 피해를 입지 않을 것입니다.[30]

자유민이 아닌 사람 가운데서 고르기만 하면, 성인 남성 '사냥꾼'이 소년을 성적 대상으로 삼는 것은 비난받지 않았다. [심지어] 아테네에는 국가가 (노예를 이용해서) 운영하는 남성 사창가가 있었던 듯하다. 나중에 알려진 얘기지만, 소크라테스의 친구 파이돈도 소크라테스가 돈을 주고 그런 '술집'에서 빼내 왔다고 한다.[31]

로마에서는 정복을 통해 노예가 늘어나고 지배계급의 부와 사치도 증가하면서 남성 간 성관계에 대한 이중적 태도가 더욱 강해졌다.[32] 로마인은 성적·사회적으로 수동적 역할을 하는 자유민 남성을 곱지 않게 바라봤지만 능동적 역할을 하거나 남자 노예를 수동적 성관계 대상으로 이용하는 것에 대해서는 아무 편견이 없었다. 노예는 남자든 여자든, 주인이 직접 사용하든 남에게 빌려주든 완전히 주인이 마음대로 할 수 있었다. 아르테미도로스는 [성인 남성이] 아내·정부나 남녀 노예와 성관계하는 것은 정상적인 일이지만 노예가 항문성교에서 능동적 역할을 하도록 허락하는 것은 옳지 않다고 설명했다. 이것은 주인에 대한 폭행이고, 노예가 주인을 얕보게 만드는 것이었다. 로마제국 초기의 한 법률가는 성적으로 시중드는 행위가 자유민으로 태어난 사람들에게는 범죄지만 노예에게는 그냥 당연한 일이고 노예 신분에서 해방된 자유민에게는 의무라고 정식화했다.

이런 상황 덕분에 부유한 로마 남성은 성적 대상을 선택할 수 있는 폭이 아주 넓었으며, 그런 기회를 열정적으로 이용했다. 자주 인용되는 이름 모를 시인의 말마따나 [취향에 따라] 성적 대상을 선택하는 일이 풍요롭고 다채로운 삶의 한 부분으로 여겨졌다. "어떤 이는 남자를 좋아하고 다른 이는 여자가 좋다지만 나는 둘 다 좋다네." 그러나 이것은 성의 관계가 야만스러울만큼 끔찍하고 불평등했던 상황을 반영하는 것이기도 하다. 로마 사회에서 남녀 노예를 성폭행하는 것은 강간에 포함되지 않았는데, 노예의 동의 여부는 법적으로 중요하지 않았기 때문이다. 동성애를 처벌하는 것으로 보이는 로마의 법률은 대부분 남녀 자유민을 보호하고 노예와 자유민의 경계를 분명히 하기 위한 것이었다.[33]

로마인들은 일부 성적 행위를 (어떤 면에서 보면 오늘날만큼 강경하게) 금지했다. 로마인들이 무조건 역겹다고 생각하는 성행위가 있었는데, 이런 행위를 한 사람은 추잡하고 퇴폐적이라고 여겨졌다. 현대의 자유로운 연인이 들으면 깜짝 놀랄텐데, 그것은 다름아닌 구강성교였다. 로마인들은 구강성교가 서로에게 순종적 역할을 하게 만든다고 생각했던 듯하다.[34]

여성 간 성적 관계에 대해서는 사포의 시 이후로 직접적인 증거가 없다. 사포는 기원전 600년경 레스보스섬에 살던 여성이었고 그녀의 작품은 단편적으로만 남아 있다. 사포의 시는 대부분 남성이 소년에게 했을 법한 사랑의 말로 다른 여성에게 구애하는 내용이었다. 이것을 보면 당시 레스보스섬에서는 여성 간 사랑이 공공연히 인정됐던 게 분명하다. 그러나 사포의 생애와 사랑에 대한 자세한 이야기, 예컨대 학창 시절이나 그녀가 맺었다는 이성 관계 등은 대개 기록의 공백을 메우기 위해 나중에 꾸며낸 공상에 불과하다.[35] 그리스의 남성 저술가에게 여성 간 성관계는 입에 담지 못할 주제였던 듯하고 사포 이후 이런 주제로 글을 쓴 그리스 여성도 없었던 것 같다. 로마의 남성 저술가는 [그리스인만큼] 규제받지 않아서인지 적극적이고 씩씩하고 색을 밝히는 여성(대개 매춘부)을 외설스럽게 묘사하기도 했다. 그러나 그런 글을 순진하게 곧이곧대로 받아들일 수는 없는 노릇이다.

간혹 어떤 사람들은 로마에서 남성 간 성행위가 유행했던 것은 그리스 여성에 비해 로마 여성이 '해방돼 있었기' 때문이라고 말한다. 이것은 로마 여성들의 실정(그리스 여성처럼 집에 갇혀 있지는 않았지만 정치적 권리도 없었고 해방된 것과는 거리가 멀었다)을 잘못 알고 있는 것일 뿐 아니라 여성이 매우 종속돼 있던 고대 그리스에서도 남성 간 성행위가 유행했다는 사실과 모순된다.

그리스에서나 로마에서나 지배계급 부의 주된 원천인 노예제가 성에 대한 사람들의 태도를 결정하는 데 중요한 구실을 했다. 특히 로마에서는 노예를 부리는 것이 사치스런 소비의 한 형태였다는 게 중요했다. 로마제국 말기에 노예제가 농노제 생산양식으로 완전히 대체된 후에야 비로소 성에 대한 새로운 관점이 등장했다.

기독교의 구실

고대 말 성에 대한 새로운 태도가 나타났는데, 이 시기는 기독교가 성장하던 시기와 일치한다. 기독교는 처음에는 서서히 전파됐고 오랫동안 별로 인기를 끌지 못하고 때때로 박해를 받기도 했지만, 4세기에 접어들면서 여러 황제의 후원을 받아 394년에는 로마제국의 공식 종교가 됐다. 흔히 기독교가 성에 대한 태도를 변화시켰다고 추측하지만, 오히려 로마제국 말기의 상황과 성에 대한 태도 변화가 기독교를 형성하는 데 영향을 미치고 지배적 지위로 끌어올렸다고 말하는 편이 더 정확할 것이다.

이런 변화의 진짜 원인을 찾아보기에 앞서, 동성 관계에 대해 고대 유대교와 기독교의 문헌이 말하려는 실제 메시지가 무엇인지 따져 봐야 한다. 두 종교가 그렇게 긴 세월을 거쳐 오늘날까지 살아남았다는 것은 사람들이 그것을 고정불변의 사상 체계로 받아들이고, 문헌이 쓰일 당시의 말이 시간이 흘러도 적용 가능하다고 여긴다는 뜻이다. [그러나] 아주 오랫동안 서구 사회의 공식 종교였던 기독교는 특히 각 시대마다 지배계급의 필요에 맞춰 말을 바꿨다(그렇게 하지 않았다면 오늘날까지 살아남지 못했을 것이다).

적어도 1950년대 이후 동성애자 기독교인과 동성애 혐오에 반대하고 법률 개혁을 지지하는 사람들은 기독교가 동성애자 억압에 앞장서 왔다는 비난에 맞서 기독교를 옹호하려고 노력했다. "종교를 비난하지 말고 사회를 탓하라"는 것이 이들의 요지였다.[36] 이들은 고대 유대교와 초기 기독교를 재검토해 몇몇 문헌이 수백 년 동안 잘못 해석됐음을 밝혀 냈다. 이들은 이 주제에 대한 학술적 논의가 만들어 낸 장막을 걷어 내는데 어느 정도 성공했지만 종교적 이데올로기가 성 억압에서 매우 실질적이고 효과적인 구실을 해 왔다는 사실을 모호하게 만들었다. 하나의 사상 체계이자 일련의 제도인 기독교는 고대 이후 지금까지 성 억압에 아주 깊숙이 연루돼 있다. 중요한 점은 그것이 어떤 종류의 성 억압이며, 왜 그런 억압을 했는지다.

구약성서(기독교인들이 신의 말씀으로 받아들이는 유대교의 경전 묶음)에서 현대식 번역본이 왜곡한 부분을 뺀다고 하더라도, 레위기 20장 13절에서 사형을 명령한 것을 보면 적어도 기원전 6세기부터 고대 유대교는 남성 간 성관계를 실제로 금지했던 게 분명해 보인다. 그러나 레위기의 이 '신성 율법'에서는 간통이나 동물과의 성교, 결혼으로 인척 관계가 된 성인(예컨대, 시아버지와 며느리) 간 성교 등 다른 많은 성행위도 죄로 여겨 사형에 처하겠다고 위협했다. 이 가운데 어떤 행위에 대한 처벌이 얼마나 자주 이뤄졌는지는 알 수 없다.

한참 뒤 소돔과 고모라에 대한 성경 구절이 동성애 혐오의 핵심 근거로 제시되는데, 이 구절은 동성 관계에 대한 것이 아니다. 이 구절을 동성 관계와 연결해 풀이한 것은 기독교 시대가 시작되면서부터였다. 이 무렵에 기독교 저술가뿐 아니라 유대교의 몇몇 저술가도 유달리 남성과 소년의 관계에 대해 적대감을 드러냈다. 그 전 두 세기 동안 그리스가 이스라엘을 정복하고 그 사회를 그리스식으로 바꾸려 한 것(많은 토착 귀족의 지지를 받았다)에 대한 유대 민족주의자들의 반감이 부분적 이유였을 것이다. 그리스 양식의 운동경기에 참가하기 위해 일부 귀족이 할례 의식을 팽개치려 한 것은 광신적인 하시드파의* 격

---

* 의식 절차를 철저하게 지키는 유대교의 교파이고 헬레니즘에 반대했다. 18세기 폴란드 등에서 일어난 신비주의적 경향의 부흥 운동인 하시디즘과 다르다.

렬한 저항을 불러일으켰고, 기원전 164년 유대인이 승리해 그리스에서 독립하자 그리스 문화의 물질적·성적 특성에 대한 거부감은 더 강해졌다.[37]

예수의 말씀이라고 알려진 복음서에서는 동성 관계 문제가 단 한 번도 언급되지 않는다. 예수가 죽은 뒤 기독교의 지도자가 된 타르수스 출신의 바울은 모든 종류의 성관계를 몹시 부정적으로 바라봤고, 그가 쓴 글에는 동성 관계에 대한 비난이 분명하게 나타나 있다. 바울은 능동적 역할을 하든 수동적 역할을 하든 남성 간 성관계를 모두 비난했고, 아마 여성 간 성관계도 비난했을 것이다(신학자들은 이 문제를 두고 1500여 년 동안 논쟁을 벌이고 있다).[38] 유대교는 고대 때부터 동성 관계를 금지했지만 이것을 특별히 부각하지는 않았다. 그리고 여러 논평가가 지적하듯이 유대교는 [동성 관계 외에도] 많은 것을 금지했는데, 가난한 사람을 속여 품삯을 빼앗는 것도 금지 사항이었다(기독교는 그 역사를 다 뒤져 봐도 이 문제에 거의 혹은 전혀 관심을 두지 않았다).

그러나 3세기부터 기독교인들은 더욱 목청을 높여 다른 사람의 성 습관을 비난했다. 알렉산드리아의 클레멘스와 요한 크리소스토무스, 히포의 아우구스티누스의 언사는 모두 나중에 기독교가 동성애를 혐오하며 내뱉는 말의 밑거름이 됐다.[39] 그러나 당시의 비판은 오늘날의 동성애 혐오와 완전히 다른 것이었다. 즉, 죄악시되던 방탕한 특정 행위를 비난한 것이지 특정한 인간 유형을 비난한 게 아니다. 게다가 기독교가 비난한 대상은 동성 관계뿐 아니라 생식과 관계없는 성관계를 모두 포함했기 때문에 훨씬 더 광범위했다. 당시 주류 기독교 철학자들은 "자식을 낳는 것 외에 다른 목적으로 성관계를 하는 것은 모두 자연을 더럽히는 것"(알렉산드리아의 클레멘스)이라고 주장했다. '자연의 이치에 따른' 성교를 신이 정한 질서로 여기고 숭고한 모범으로 본 이런 교리는 남녀 간 구강성교나 항문성교, 피임, 낙태 등을 모두 죄악시했다.[40]

이 '자연의 이치에 따른 성교'라는 생각이 하나의 관념이 된 것은 고대 그리스 철학자들로까지 거슬러 올라간다. 기독교는 그 기원인 유대교 못지않게 그리스 철학의 영향도 많이 받았다.[41] 그러나 그리스의 지배 엘리트에게 완전한 덕을 갖추라고 조언하는 것과 로마제국의 모든 주민에게 오직 생식과 관련된 성관계만 맺으라는 기독교의 가르침은 엄청나게 다르다. 기독교의 사상은 과거의 전통에서 따온 것이지만 실제 발전 경로는 [과거의 답습이 아니라] 그것이 처한 조건에 대응하면서였다. 즉, 기독교는 로마제국 말기에 나타난 문제를 그럴듯하게 설명하고 그 대안을 제시하는 듯 보였기 때문에 성장했다(그 대안이 로마제국을 구원하지 못하고 다른 체제로 전환시켰지만 말이다).

3세기에 로마제국은 첫 번째 재앙의 파도를 만났다. 전쟁에서 패배하고 돌림병과 기근이 나라를 온통 뒤흔들어 정치적 불안정이 커지고 인구가 줄었다. 이런 상황을 타개하려는 과정에서 아우구스투스 황제가 만든 여러 도덕적 법률(로마의 도시 귀족이 결혼해서 합법적 자녀를 갖도록 강제하기 위한 것이었다)이 되살아났고 남성 간 성관계를 처벌하는 데까지 확대됐다(출산과 연결된 결혼 제도를 벗어났다는 이유로 말이다).[42] 284~305년에 황제였던 디오클레티아누스가 채택한 새로운 정책은 농민과 장인, 세속적 관료 집단이 자식을 낳을 의무가 있다고 규정했다. 그렇지만 이 정책은 무거운 과세와 강제 징발을 수반했기 때문에 더 많은 농민과 장인을 각각 토지와 도시에서 달아나게 만들었을 뿐이다. 정복 시대가 끝나면서 노예의 출산이 점차 일반화됐지만 이것만으로는 지배계급을 계속 부양하는 데 필요한 노동력을 충분히 공급할 수 없었다. 당시의 기술 수준에서 생산할 수 있는 잉여의 양에 비해 노예의 출산과 양육에 드는 비용이 너무 컸기 때문이다.[43] 5세기 초 로마제국은 자체적으로 약해진 데다 이민족의 습격을 받아 점차 붕괴하고 있었다. 바로 이런 상황에서 기독교는 마침내 유일한 공식 종교로 승리를 거머쥐었다.

정치·경제적 중심이 농촌의 대농장과 그 소유주에게 옮겨가면서 로마의 도시는 무너졌고 도시의 생활양식도 사라졌다. 이민족의 침략은 이런 변화에 쐐기를 박았다. 그러나 넓은 의미에서 볼 때, 이것은 '문명'의 붕괴가 아니었고 더 원시적인 사회로 후퇴한 것도 아니었다. 물질적으로 더 발전하려면 보잘것없는 기술과 고대의 도시를 부양하기 위한 엄청난 세금 부담에서 농촌이 해방돼야 했다. 로마제국 말기 농촌에서는 새로운 생산양식이 형성되고 있었다. 이것은 농노제, 즉 농업 생산자가 영주의 땅에 매여 일하고 자식을 낳을 의무를 지는 것을 기본 원리로 하는 일련의 사회·경제적 관계에 기초했다. (세금에 짓눌리던 이전의 자유민 소작농에 비해) 상당히 줄어든 경제적 부담과 (제국 초기의 노예에게는 없던) 결혼과 출산의 권리를 얻은 대가로 토지 경작자는 농노가 됐다. 이런 영주와 농노의 관계는 5세기 말 서로마 제국이 무너진 다음 등장한 나라의 기초가 됐고 중세 시대 봉건제의 토대가 됐다.[44]

물론 기독교는 사회·경제적 개혁 강령을 제시하지 않았다. 기독교는, 로마의 신은 나라를 구하지 못했지만 기독교의 신은 성직자를 지원하고 꼬박꼬박 예배에 참석하고 기독교의 성도덕을 준수하는 사람을 구원할 것이라는 영적이고 신학적이며 신비로운 설명을 하며 등장했다. 지배자뿐 아니라 일반 대중도 기독교를 '무정한 세계의 감정'으로 여기고 자신이 살고 있는 세상을 이해하는 세계관으로 받아들였다.

많은 역사가는 기독교가 성관계, 심지어 생식과 연관된 성

관계도 부정적으로 대했다고 설명한다. 기독교 성직자들은 (타르수스 출신의 바울이 그런 것처럼) 결혼하지 않고 성적 순결을 지키는 것이 결혼하는 것보다 더 고귀하다고 여겼다. 아우구스티누스를 비롯한 일부 사람들은 머지않아 하늘나라에 죽은 자의 영혼이 가득 찰 것이므로 자식을 더 낳을 필요가 없다고 생각했다. 그러나 일반 대중을 향한 기독교의 메시지는 (고위 성직자를 향할 때와는 달리) 결혼의 중요성과 부부가 각자 성적 의무를 다하고 자식을 낳아야 한다고 분명하게 강조했다. 기독교는 당시 존재하는 다른 교파에 비해 새로운 사회 세력인 농노와 영주에 적합한 성 관념을 발전시켰다(예를 들어, 마니교는 다른 무엇보다도 생식과 관련된 성관계를 반대했는데, 그것이 순수하고 선한 영혼을 육신이라는 악의 구렁텅이에 빠뜨린다고 생각했다).[45]

외국인 노동력에 그토록 크게 의존하던 제도에서 자국의 노동력을 엄청나게 늘리는 제도로 그야말로 극적인 전환을 한 사회는 아마 없을 것이다. [그러나] 역사에서 전혀 예측할 수 없는 일은 존재하지 않는 법이다. 생식과 관계없는 성관계에 대한 기독교의 [부정적] 태도는 비합리적 발상이 아니라 기독교에 권력을 안겨 준 시대의 특수한 물질적 조건이 낳은 결과였다. 그러나 기독교의 태도는 현대적 의미의 동성애 혐오와 달랐다. 로마제국 말기나 중세 초의 시민법과 교회법에서 동성 관계에 대한 유죄판결을 찾아내려는 사람들은 314년에 만들어진 아시리아 법률에 있는 "자연의 이치를 거슬러 교접하는 자" 같은 막연한 문구를 끄집어내 그것이 동성애를 에둘러 지칭하는 표현이라고 넘겨짚는다.[46] 그러나 이것은 생식과 관계없는 모든 성관계를 진지하고 심각하게 비난했던 것이다. 근대 이전에는 서구 어떤 기독교 사회에도 동성 간 성관계를 다른 범죄와 구별하는 별도의 법 조항은 없었다.

중세의 완화기와 반격

5세기에 로마제국을 무너뜨렸던 게르만족과 그 밖의 이민족의 침략은 유럽을 사회·정치적 혼란에 빠뜨린 동시에 봉건사회를 향한 걸음을 재촉했다. 가톨릭교회는 수많은 왕국과 공국으로* 분열된 유럽에 공동의 문화와 국제적 조직을 제공하면서 엄청난 정치·경제적 지배력을 유지했다.

스페인의 서고트인을 제외하면, 새로운 '이민족' 지배자들은 동성 관계에 적대적이지 않았다. 일부 이민족의 전사戰士 문화에서는 남성과 소년의 관계가 허용됐다(성적으로 수동적이라는 비난을 받은 남성은 이를 아주 굴욕적으로 여겼다는 증

---

* 공국公國: 왕이 아니라 공이 통치하던 작은 나라.

거도 있지만 말이다). 이민족들은 기독교를 수용하면서 '자연에 반하는' 성관계와 더불어 동성 관계도 공식적으로 금지했지만 이것을 곧이곧대로 실천하지는 않았던 것 같다.[47] 서유럽 역사에서 '암흑시대'로 알려진 500~800년에는 폭력과 잔악한 행위가 난무했지만 동성 관계를 박해했다는 기록은 없고, 이런 사회적 분위기는 몇 세기 더 지속됐다.

8세기 무렵에서 12세기까지 서유럽에서는 동성 관계에 대한 특별한 반감이 나타나지 않았다. 소도미sodomy라는[*] 말은 다양한 성적 죄악을 표현하는 데 사용됐다. 예를 들어, 9세기에 선교사였던 보니페이스는 근친상간, 혼음, 간통, 수녀와의 성관계 등은 모두 정액을 잘못 실어 나르는 부적절한 통로이기 때문에 '소도미적 성욕'이라고 규정했다. 고해성사에서 참회하는 죄인에게 부과할 고행을 규정해 놓은 고해성사 의식서에는 대부분 남성 간 성관계나 여성 간 성관계가 언급돼 있었지만, 다른 죄에 비해 고행이 특별히 더 가혹한 것은 아니었다. 고해성사 의식서는 수백 가지의 세세한 죄목을 다루며 그 심각성과 횟수에 따라 고행의 수준을 정해 놓았다. 존 보즈웰은 어떤 경우에는 항문성교가 이성 간 간통보다 더 가벼운 벌을 받

---

[*] 《창세기》의 소돔과 고모라에서 유래한 용어로 항문성교, 구강성교, 수간 등 생식과 무관한 성행위를 모두 일컫는 말로 쓰인다.

기도 했다고 지적한다. 어떤 의식서는 항문성교를 제외한 남성 간 성행위를 "친구에게 술 시합 하자고 청하는 것이나 영성체를 받기 2주 이내에 자신의 배우자와 성관계를 갖는 것 정도"로 다룬 듯하다.[48]

이 시기 내내 수도원과 수녀원에서는 다정하고 열렬하기까지 한 동성 관계가 번성했다. 고대 문학에 친숙한 교육받은 소수 엘리트들인 수도사와 수녀들은 고대 문학에 나온 동성을 향해 구애하는 표현 등을 모방해 편지나 시를 썼다. 오늘날 가톨릭교회 역사가들은 이런 열정 표현이 순수하게 정신적인 것이었다고 주장한다.[49] 여기서 핵심은 많은 문학 작품이 너무나 명백하게 육체적인 내용을 담고 있어서 이 말을 믿을 수 없다는 것이 아니다. 중요한 것은 당시 사회가 오늘날처럼 동성애에 대해 분명한 반감을 갖고 손가락질하는 사회였다면, 이런 행동을 결코 너그럽게 봐 주지 않았을 것이라는 점이다.

예를 들어, 12세기에 리보 수도원의 에일레드 수도원장이 수도사들, 특히 젊고 잘생긴 수도사들을 사랑한 것은 당시에는 다 아는 얘기였다. 에일레드는 지상의 사랑이 신에 대한 사랑으로 한걸음 나아가는 것이라고 믿었기 때문에, 다른 수도원장과 달리 수도사들이 애정의 표시로 손을 맞잡는 것을 허락하고 권장하기도 했다. 에일레드는 젊은 시절 자신도 때때로 "감미로운 사랑과 불순한 정욕"을 분간하지 못했다고 인정했고, 자신이 아끼는 수도사가 죽었을 때 다음과 같이 쓰기도 했다. "어떤 이들은 내가 흘리는 눈물을 보고 내 사랑이 지나치게 육욕적이라고 판단할지 모른다. 마음대로 생각하라고 해라." 나이 들어 죽어가면서 그는 자신이 아끼는 모든 사람들과 함께 누울 수 있도록 특대형 침대를 만들었다고 한다. 현대의 심리학자가 들었다면 젊은 수도사들에게 그런 위험하고 추잡한 노인과 가까이하지 말라고 경고했을 게 틀림없다! 그러나 에일레드는 비난을 받기는커녕 12세기의 가장 엄격한 성인 클레르보의 베르나르에게 존경과 칭송을 받았다(그는 사랑에 대한 자신의 글을 에일레드에게 헌정했다).[50]

12세기에 피에트로 다미아니를 비롯해 몇몇 사람들이 남성 간 성적 관계를 맹렬히 비난하는 글을 쓰기도 했지만 교회 당국은 그들을 경시하고 묵살했다(다미아니가 소도미에 반대했던 것만큼 격렬하게 기독교인이 이성理性에 기대는 것도 반대했다는 점을 주목해야 한다). 당시 교회는 수노사들과 수녀들의 동성 관계보다는 성직자들의 결혼을 반대하는 운동을 벌이는 데 더 정신이 팔려 있었다.[51]

존 보즈웰은 12세기 무렵에는 남성과 소년 간 성관계가 흔한 일이었고 유럽의 여러 도시에서 '동성애자 하위문화'가 등장했다고 주장한다. 동성 간 애정을 다룬 문학작품, 남성 매춘을 언급한 인용문, 특정 단어(청년은 '가니메데스', 소년을 쫓아다니는 사람은 '루두스*' 등)를 암호로 사용한 것이 그 증거라고 말한다.[52] 보즈웰은 소년을 사랑하는 것과 여성을 사랑하는 것의 장점을 논의하는 새로운 유형의 고전 문학작품을 찾아내기도 했다. 이런 작품 가운데 하나인 〈가니메데스와 헬렌의 다툼〉은 서유럽 여기저기서 사본이 발견된 12세기의 시다. 고대 문학작품의 주인공들이 늘상 남성 연인이었던 것과 달리 소년과 여성이 주인공인 점을 보면 적어도 이 시는 고전문학의 양식을 그대로 흉내내지 않았음을 알 수 있다.[53]

이 시기에는 성행위에 대한 교회의 통제가 사실상 매우 약했고 교회의 공식적인 금지령도 많이 무시됐다. 11세기 말 전에는 교황이 기독교인 귀족에게 일부일처제를 강요하거나 사제단에게 독신 생활을 강요할 수 없었고, (한참 뒤까지도) 농민 사회에서 혼전 순결을 강하게 주장하지 못했다. 1200년에 이르러 경제적 팽창과 사회적 변화가 초기 중세 사회의 물질적 제약을 많이 허물어 버렸다. 인구 증가, 경작지 확대, 동유럽의 새로운 식민지, 도시와 무역의 성장 등이 영주와 주교의 사회 통제 수단을 약화시켰다. 교회 안에서 비공식적 교육이 확대되면서 지식인층이 빠르게 성장했고, 이들은 신앙과 이성의 관계나 신의 존재가 입증될 수 있는지 등의 문제를 공공연히

---

* 게임이라는 뜻이다 — 지은이.

논의하기도 했다.[54] 자본주의는 이제 막 등장해 매우 초보적인 수준이었지만 상업자본주의는 모든 봉건사회로 확대됐고 농민과 장인의 상품생산이 증가했다. 이것만으로도 개인의 자유를 요구하는 압력이 생겨났고 중세의 사회통제 구조가 위협받았다.[55]

13세기에 교회와 신생 군주국은 새로운 사회 발전을 통제하기 위해 대대적인 반격에 나섰다. 중동에서 십자군 원정이 실패로 끝나자 공격의 화살은 서유럽 내부로 향했다(처음에는 유대인과 이교도를 공격했지만 [점차 그 대상이 확대됐고] 15세기에서 17세기까지 지속된 마녀사냥에 이르러서야 끝이 났다). 이 모든 일은 봉건 지배계급과 이들의 시중을 드는 사제들이 사회적·지적 변화의 위협에 맞서기 위한 탄압의 일부였다. 탄압이 시작된 시기는 중세 사회가 한창 발전하던 때였으므로 경제 위기가 그 원인은 아니었다. 그러나 14세기에는 경제 위기와 전염병 때문에 탄압이 거세졌고, 특히 성과 관련한 문제를 더 엄하게 탄압했다.

[지배계급은] 또다시 생식과 관계된 성관계를 전면에 내세워 사회통제에 나섰고, 가족을 중심으로 전통적 질서를 강화하려 했다. 중세 사회에서 가족은 장원, 교회, 길드 등에 비해 부차적인 정치적·이데올로기적 통제 수단이었지만, 중세 말에는 주요 통제 수단들이 흔들리면서 가족이 점점 더 중요해졌다. 그

러나 고대 노예제 사회가 기울었을 때부터 산업혁명이 일어날 때까지 가족은 생산과 재산 소유의 기본 단위로서 매우 중요했다. 중세 사회의 기본적 경제단위는 여전히 농민과 장인 가족이었다(재산을 소유한 가문이 봉건귀족과 새로이 부상하는 부르주아지의 주축을 이뤘지만 말이다). 중세 말에 일어난 공격은 교회가 성직자를 더 엄격히 통제하려는 것인 동시에 일반 신도를 이런 틀 안에 단단히 묶어 두려는 것이었다.

지적 변화도 생겼다. (13세기에 교회와 국가의 통제 아래 세워진) 대학에서는 고대 철학과 기독교 교리를 종합한 새로운 이론이 만들어졌다. 이 이론은 이상적 모범으로서 자연의 중요성과 '자연에 반하는' 죄라는 개념을 성에 대한 기독교의 핵심 관점으로 재확립했고 이것을 정통 종교 교리로 규정했다. '자연에 반하는' 성관계를 하면 이단이라는 의심을 받았고, 불가리아 같은 오지에서 유래했다고 추정되는 이단인 마니교도를 모욕하던 '버거bugger'라는 말이 이때부터 항문성교를 하는 모든 사람들에게도 적용됐다.

교회의 종교회의는 '자연에 반하는' 성관계를 더 엄하게 처벌했고, 새롭게 등장한 세속적 국가들도 보조를 맞췄다. 13세기 유럽의 주요 법전에는 한결같이 소도미나 항문성교를 하면 사형에 처한다고 쓰여 있었다. 13세기 말 잉글랜드의 표준적 관습법에는 방화放火나 마법, 배교背敎, 영주 부인과의 간통과 더불어 유대교도·짐승·동성과 성관계를 하는 것도 사형에 처한다고 기록돼 있다.[56] 이탈리아의 도시국가에서 도시를 돌아다니며 회개하라고 설교하던 탁발 수도사들은 '대大할렐루야'라는 신앙부흥 운동을 벌이던 1220년대부터 이단자와 유대교도, 성적 죄악을 저지른 자를 처벌하는 법을 만들라고 소리 높여 요구했다. 이런 법률이 적용되지 않거나 폐지된 경우에는 더 떠들썩하게 요구했다. 교회와 국가, 혹은 중앙 권력과 지방 권력이 충돌한 끝에 국가 통제가 강화된 16세기에는 성적 죄악을 처벌하는 새로운 법이 엄청나게 많이 생겨났다. 예를 들어, 1533년 잉글랜드에서는 비역법이 생겼고 1532년 신성로마 제국 황제 카를 5세도 이에 관한 법을 제정했다.

중세 말과 근대 초의 '소도미' 처벌법에는 남성 간 혹은 여성 간 성행위와 함께 수간과 양성 간 항문성교 등 다양한 성적 죄악이 때로는 분명하게, 대개는 함축적으로 포함돼 있었다. 예를 들어, 피렌체에서는 항문성교에 응한 여성이나 어린 소년은 모두 벌거벗겨진 채 길 한가운데서 매질당하는 벌을 받았고, 각종 죄에 대한 형벌은 죄를 범한 횟수와 상대의 기혼 여부에 따라 달랐다.

대다수 역사가들은 이런 법률이 일상적으로 집행됐는지에 대해 의구심을 품는다. 잉글랜드에서 소도미를 사형에 처한다고 규정한 관습법은 완전히 효력이 없었고 1533년에 비역법이 제정됐지만 이와 관련된 소송도 17세기 후반까지 거의 없다시 피 했기 때문이다. 일부 역사가들은 중세와 근대 초 유럽의 방대한 재판 기록을 하나하나 힘들게 뒤져서 언제 어디에서 이 법이 집행됐는지 찾아내기도 했다. 루이스 크럼프턴은 8개 나라에서 5세기 동안 400회에 달하는 사형이 집행됐다고 말하며 이것을 '동성애자 집단학살'이라고 할 수는 없지만 결코 무시할 수도 없는 숫자라고 주장했다. 중세와 근대 초에 남성들이(때때로 여성들도) 동성 관계 때문에 화형을 당했다는 것은 절대 꾸며낸 얘기가 아니다. 이런 박해가 꽤 불규칙하게 발생했고, 종교적·정치적 긴장이 높아지면 평소 모르는 척 넘어가던 성 관행을 문제 삼아 공격한 듯 보이지만 말이다.[57]

15~17세기에 서유럽을 휩쓸었던 엄청난 마녀사냥(10만여 명이 처형됐고 80퍼센트가 여성이었다)을 둘러싼 여러 미신이 있다. 독일 도미니크회 수도사 하인리히 크라머와 야콥 슈프렝거는 1484년에 마녀사냥을 옹호하며 《마녀의 망치》라는 매우 악랄한 책을 썼다. 이들은 마녀사냥의 핵심이었던 여성의 성에 대한 불신과 우려를 나타냈다. 또한 남자보다 여자 마녀가 많을 수밖에 없는 이유를 제시했는데, 여성이 남성보다 지능이 낮고 의지력도 약하고 질투심이나 복수심에 쉽게 사로잡히기 때문이라는 것이다. 게다가 여성이 "남성보다 더 음탕하고 … 여성의 끝없는 성욕이 모든 마법의 원천"이라고 주장했다.[58]

마녀 사냥꾼들은 변태성욕을 집중적으로 추궁했다. 유럽 대륙에서 특히 심했는데, 악마의 엉덩이에 입을 맞췄다거나 악마와 항문성교를 했다는 자백을 받아 내기 위해 그야말로 늙은 여성을 고문하는 일도 자주 있었다. 그렇지만 여성 간 또는 남성 간 관계는 크게 주목하지 않았다. 당시 사회에 만연한 공상은 여성이 (다른 여성이 아니라) 악마와 성교해서 인류를 악마에게 팔아넘긴다는 것이었다. 여자 뚜쟁이를 대하는 일반적 태도가 그랬듯이 나이 든 마녀가 어린 마녀를 악마에게 팔아넘겼다는 비난에도 성적인 암시가 포함됐을 것이다. 그런데도 어떻게든 동성애가 마녀사냥의 쟁점이었다고 주장하려는 역사가들은 매우 심각하게 증거를 왜곡하는 것이다.[59]

중세 말에 교회와 국가가 사회를 통제하기 위해 벌인 공격은 매우 다각적이었다. 이것을 주로 동성애 혐오로 이해하는 사람은 문제를 과소평가하는 셈이다. 인류를 무릎 꿇리려고 끊임없이 위협하는 자연은 난폭하고 위험하다는 시각(중세의 용어법에서 '자연에 가깝다'는 것은 일부 현대인들이 생각하는 것과 전혀 다르다)과 더불어 성에 대한 온갖 두려움과 불안감이 조장됐다. 사악하고 음란한 비정상적인 행동을 저지르면 신이 그 행위자를 벌할 뿐만 아니라 자연도 돌림병이나 폭풍, 기근 같은 재앙을 일으킬 것이라는 생각이 팽배했다.[60] 이때도 동성애를 꼭 집어 문제 삼은 게 아니라 생식과 관계없는 성관계

일반을 문제 삼았다. 예를 들어, 어떤 시기에 농촌에서는 수간을 처벌하는 일이 흔했고 수간에 이용된 짐승도 대체로 그 행위자와 함께 사형에 처했다.[61] 그러나 도시의 분위기는 달랐다. 근대 초 소도미법을 시행하려 하자, 동성과 성관계를 한 남성들은 이 법에 정면으로 맞섰다.[62]

르네상스에서 산업혁명까지

르네상스 시대에 동성 관계를 어떻게 대했는지는 논란이 많은 부분이다. 일부 역사가들은 이 시대에는 남성 간 성관계를 극도로 불쾌하게 여겼고 서유럽 사회는 "'비정상적'인 성에 아주 강한 공포나 반감"을 드러냈다고 말한다. 또 다른 역사가들은 동성애가 널리 용인됐고 그 시대의 문학적·예술적 성과에 크게 이바지했다고 말한다. 미켈란젤로나 레오나르도 다빈치 같은 주요 인사들이 분명히 동성을 더 좋아했고, 미켈란젤로는 거의 동성 관계만 가졌다는 것은 오늘날에는 의심의 여지가 없는 사실이다. 그렇지만 대충 훑어보더라도 이탈리아 주요 도시에는 모두 소도미를 엄하게 처벌하는 법률이 있었고, 자주 집행됐다는 것을 알 수 있다. 영국 국왕 제임스 1세는 소도미를 도저히 용서할 수 없는 죄라고 비난했지만 자신이 남자 신하와 벌인 애정 행각은 드러내 놓고 과시하며 다녔다.[63]

앨런 브레이는 르네상스 시대 영국의 이데올로기나 사회구조에서 남성 간 성행위가 차지했던 위치가 오늘날과 상당히 달랐기 때문에 이런 모순이 가능했다고 말한다. 우선 소도미는 수간이나 이성 간 성교를 포함하는 광범한 개념이었고, 특정 사람의 성적 지향이 아니라 대개 부도덕함의 표시이자 무절제하고 문란한 행위를 저지른 죄로 여겨졌다. 한 사람이 소도미, 근친상간, 간통으로 한꺼번에 고소될 수도 있었다. 한 팔로 정부情婦를 안고 다른 팔로 미동美童을 안은 젊은 난봉꾼은 방탕의 표상으로 자주 등장했다.[64] 이단이나 마법처럼 소도미도 악의 상징으로 여겨졌고, 신과 자연을 모욕해 사회 전체에 무시무시한 천벌을 불러올 것이라고 비난받았다.

둘째, 남성 간 성관계가 현실에 존재했기 때문에 이런 관계는 기존의 성 관행 구조에 포함됐다. 이 구조는 가장, 부인, 자녀, 하인으로 이뤄진 가족을 바탕으로 했고 남성과 여성에 각기 다른 잣대를 적용했다. 상층계급의 남성과 그의 시중을 드는 사내아이나 곁에 두던 애인과의 관계, 주인과 하인의 관계, 나이 든 하인과 젊은 하인의 관계, 사교계의 한량과 나이 어린 남창男娼의 관계 등은 남녀 관계에서도 모두 비슷하게 나타나는 형태였다. 하층계급 사이에서 만혼晚婚이 유행하고 귀족 사이에서 중매결혼이 유행했던 것은 동성 관계가 배타적이지 않았다는 뜻이다. 동성 관계는 결혼 전에, 또는 결혼 후 다른 여성과 혼외 관계를 맺듯이 은밀하게 행해졌다. 이런 관계는 부모나 개인적 원한을 품은 사람이 고발하거나 사회적 물의를 일으켜 세간의 주의를 끌지 않는 한 거의 기소되지 않았다.

브레이는 17세기 말에 이미 영국의 사회적 환경이 전과 달라졌다고 주장한다. 17세기 말과 18세기 초 런던에서는 몰리하우스를* 중심으로 남성 동성애자 하위문화가 형성되고 있었다. 몰리하우스는 단골 모임 장소이자 술집이고 비밀 클럽이었다. 남성들은 어울려 술 마시며 춤추고 시시덕거리고 여장 무도회를 열어 여성의 몸짓과 말투를 흉내냈다. 당대의 한 인물이 말했듯이 "마치 바람난 남녀가 뒤엉킨 것처럼 서로 껴안고 입맞춤하고 간지럼 태우느라" 정신이 없었다.[65] 1690년대부터 몰리하우스는 주기적으로 공격받았다. 신문과 논설이 부채질하고 '풍속 개혁'을 외치는 단체가 조직한 이 공격은 경찰의 현장 급습, 재판, 처벌로 이어졌다. 재판 기록에 따르면, 관련된 남성은 모두 런던의 노동인구에 속했다. 이들은 런던의 거의 모든 제조업과 서비스업에 종사했는데, 숙련된 장인도 있었고 직공과 견습생도 있었다. 그 당시 한 재판에서 성적 자유를 옹

---

* 몰리는 여자 같은 남자를 뜻한다.

호하는 목소리가 울려 퍼졌는데, 이것은 영국 역사상 최초인 듯하다. 아는 사람의 함정에 빠져 체포된 젊은 노동자 윌리엄 브라운은 다음과 같이 말했다. "내 몸을 내 마음대로 사용하는 것은 죄가 아니라고 생각합니다."[66]

브레이의 주장대로 확실히 뭔가 달라졌다. 브레이는 17세기 말 눈부시게 발전한 과학 덕분에 일어난 '사고방식의 대전환'에서 그 답을 찾고자 하고, 랜돌프 트럼백은 '근대 서구 문화의 한 부분으로 등장한 성별 정체성의 재편'을 그 원인으로 설명하려 한다. 그러나 둘 다 17세기 영국에서 일어난 정치·사회 혁명 문제는 얼버무린다.[67] 1649년과 1688년의 부르주아 혁명은 개인의 자유, 특히 종교와 경제 분야에서 개인의 자유를 요구했고 이 영역에서 국가의 간섭을 눈에 띄게 줄여 놓았다. 1640년대 일부 급진주의자들은 훨씬 더 폭넓은 개인의 자유와 성적 자유를 요구하기도 했다. 수평파의 일원이었던 리처드 오버턴은 신체에 대한 권리를 주장하며 다음과 같이 말했다. "모든 사람은 자기 자신이므로 당연히 자기 소유권이 있다. 그렇지 않다면 자기 자신일 수 없다." 랜터파의 로런스 클라크슨은 다음과 같이 말했다. "빛과 사랑 속에서 당신이 하는 행동이 무엇이든, 그것은 빛나고 사랑스러운 것이다. … 성서, 성인, 교회가 뭐라고 말하든 당신 내면이 스스로 비난하지 않는다면, 당신은 비난받지 않을 것이다." 이런 생각은 급진적 소책자와 입소문으로 전파됐는데, 전파된 범위보다 훨씬 더 넓은 지역에서 성직자의 비난을 받았다. 수평파의 자기 소유권 개념이 아무리 편협하고 남성 중심적이더라도, 성적 자유에 대한 랜터파의 주장이 아무리 이성애에 한정된 것이라 해도, 이들의 외침은 확실히 윌리엄 브라운의 주장에 반영돼 있다.[68]

중요한 또 다른 요인은 17세기 말 자본이 증가해 런던을 비롯한 영국의 여러 지역에서 제조업 공장이 성장한 것이다. 생산은 이제 가족을 기초로 조직되지 않았고, 직공들은 자신의 조직을 형성하고 파업을 벌이기도 했다. 산업혁명에 앞서 점점 더 많은 노동자가 가정과 일터의 분리를 경험하게 됐다(그러나 가족경제는 농업과 (공장 방식이 아니라) 가내 공업에 기반한 제조업에서 여전히 압도적으로 중요했다). 바로 이 시기에 낡은 가부장적 가족의 속박에서 벗어난, 노동시간 이외의 개인 생활이 생겨났다. 그래서 윌리엄 브라운 같은 사람은 작업장 바깥에서 뭘 하든 그건 자기 자신의 문제라고 생각할 수 있게 된 것이다. 그러나 정부 당국의 생각은 전혀 달랐고, 아버지와 가장의 영역이었던 곳을 통제하기 위해 개입하고 있었다.[69]

18세기 영국에서 몰리하우스와 그 반대자들은 남성 동성애 행위에 초점을 맞춰 논쟁했고, 새로운 주제도 나타나기 시작했다. 그 중 하나가 몰리의 여자 같은 특성인데, 이것은 흔히 그들의 성적 행동과 연결된다. 이것은 나중에 등장한 성도

착이라는 개념의 전조처럼 보일 수 있지만, 당시의 논의에서 몰리의 행동은 언제나 타고난 특성이 아니라 인위적인 것으로 여겨졌다. 1709년에 발행된 한 소책자의 저자는 이런 남성들이 "여성을 향한 자연스러운 감정을 숨기고 부자연스러운 정욕을 부채질하기 위해" 여성의 말투와 행동을 흉내 낸다고 주장했다. 또 1736년 한 법률 저술가는 "자신의 생식기능을 매우 이상하게 악용하는 죄를 범한 사람이 나중에 여성에게 정상적 애정을 가진다는 얘기는 별로 듣지 못했다"고 주장했다. 둘 중 어느 쪽에도 오늘날의 동성애 개념이 표현돼 있지 않고 후자의 주장은 사실상 여성에게 흥미가 떨어지는 것은 부자연스러운 행동의 결과이지 원인은 아니라는 뜻이다.[70]

비어 거리 사건([1810년] 경찰이 런던의 한 술집을 급습해 [여러 명을 소도미죄로 체포했고] 이 중 일부를 교수형에 처했다)을 다룬 1813년의 한 소책자는 "이런 욕정에 사로잡힌 사람은 대개 사내답지 못할 것이라는 생각이 상식처럼 아주 널리 퍼져 있"지만, 키가 장대 같은 보병도 자기 몸통의 절반만한 남자의 '신부'가 될 수 있고, '건장한 선원, 거인 같은 짐꾼, 무뚝뚝한 대장장이'도 유명한 남창으로 이름을 날렸다는 사실은 사람들의 추측이 틀린 것임을 보여 준다고 주장했다. 이 소책자의 저자는 비어 거리의 클럽에 있던 남성들이 무슨 의식이라도 치르듯 자신의 아내를 흉내 내며 조롱하기를 즐겼다고 덧붙였다.[71] 이런 것은 오늘날의 동성애 개념과 거리가 멀다(물론 마지막 묘사에서 엿볼 수 있듯이 당시의 통속적 생각은 학술적 이론이 제시한 것보다 오늘날의 생각에 가까웠지만 말이다). 그러나 동성 간 [신체적] 접촉에 대한 18세기의 태도만큼은 동성애 혐오에 아주 가깝다고 할 수 있다. 1749년에 나온 한 소책자의 저자는 다음과 같이 시인했다.

여자 둘이 서로 부둥켜안고 음란한 몸짓으로 입맞춤하는 장면을 보면 불쾌하고 화가 난다. 그런데 역겨운 사내 녀석 둘이 서로 손을 붙잡고 애무하면서 다정하게 입맞춤하는 광경을 보면 정말이지 메스껍다.

영국에서 점잖 빼는 남성이 서로 껴안고 입맞추며 인사하는 것을 그만두기까지는 아마 시간이 좀 걸렸을 것이고 여성이 그렇게 하기까지는 더 오랜 시간이 걸렸겠지만, 18세기 말이나 19세기 초 이런 인사 방식에 대한 영국의 태도가 유럽의 다른 나라와 확연히 달랐다고 독일 저술가들은 기록했다.[72]

영국에서 17세기에는 소도미를 극형에 처한 일이 매우 드물었지만, 18세기 말에는 그 수가 늘어났다. 1806~1836년에는 소도미에 대한 사형 집행이 절정에 달해 연평균 2명이 사형됐다. 이 시기 다른 범죄에 대한 극형은 줄었는데도 말이다. 소도미 시도에 대한 고소도 증가했는데, 이런 경우 성교의 증거는 필요하지 않았고 특정 장소에 자주 간다든가 풍속 개혁을 외치는 단체가 놓은 미끼에 반응하는 것만으로도 충분히 증거가 됐다. "혐오스러운 죄를 행하기 위해 서로를 자극할 목적으로" 모이는 것, "항문성교의 죄를 범할 목적으로 부도덕하게 서로를 만지는 것" 등이 당시의 고소 내용이었다. 이런 죄로 고소된 사람은 벌금을 내거나 감옥에 가거나 형틀에 묶여 거리에 세워졌는데, 소도미에 대한 대중의 적의가 워낙 강했기 때문에 마지막 형벌을 가장 두려워했다. 1780년 런던에서는 연인 사이인 미장이와 마부가 형틀에 묶여 조리돌림을 당하다가 군중에게 맞아 숨진 일이 발생했다. 이것을 안쓰럽게 여긴 에드먼드 버크는 의회에 항의하기도 했다.[73]

서유럽 전체로 보면, 18세기는 소도미를 둘러싸고 상반된 생각이 충돌하던 시기였다. 네덜란드연방공화국에서는 1730년과 1731년에 유달리 악랄한 박해를 해 소도미로 사형된 남성이 최소 59명이었는데, 한 작은 마을에서만 21명이 죽기도 했다. 1750년 파리에서는 소도미를 한 두 남자가 화형 당했다. 펜실베니아에서는 퀘이커파의 계몽운동이 급성장하던 1682년에 소도미를 사형에 처하는 법률이 폐지됐지만 영국의 압력으로 이 법이 부활해 1700년에는 흑인에게, 1718년에는 모든 남성에게 적용됐다.[74] 그러나 이제 이런 만행을 비판하는 목소리도 널리 퍼졌다. 프랑스 계몽주의 철학자들은 성관계 동의 여부를 결정할 수 있는 성인을 처벌하는 것은 미신을 근거로 이교도와 마법을 처벌하던 시대의 잔재라고 여겼다. 이들 가운데는 동성애가 자연에 반하는 행위라고 생각한 볼테르나 '소크라테스식 사랑'인 양성애적 심미주의에 훨씬 더 호의적이었던 디드로도 포함되어 있었다. 베카리아와 벤담은 둘 다 소도미를 피해자 없는 범죄라고 주장했다. 그러나 벤담은 1774~1824년에 비공식적으로 소도미에 관한 여러 개의 글을 써서 소도미를 비범죄화해야 한다고 주장했고 동성애 혐오의 불합리한 성격을 비판했다.[75]

러시아·오스트리아·프러시아·토스카나에서는 계몽전제주의 정책의 일환으로 소도미에 대한 사형이 폐지됐고, 미국의 대다수 주에서도 독립혁명의 여파로 소도미법이 폐지됐다. 프랑스에서도 부르주아 혁명의 여파로 헌법 제정이 한창이던 1791년에 국민의회가 형법을 개정하면서 성인의 성적 행동에 대한 형벌을 모두 폐지했다. 이때는 부르주아지 사이에서 혁명적 낙관주의가 팽배한 시대였고, 자유가 이들의 좌우명이었다. 시대에 뒤떨어진 법률과 관습이 일소되면서 잠시 동안 혁명은 '억압받는 사람들의 축제'가 됐다. 마르키 드 사드는 다음과 같이 선언했다. "프랑스인들이여! 여러분은 매우 개화했기 때문에 새로운 정부에는 반드시 새로운 생활 방식이 뒤따라야 한다는 것을 모를 리 없습니다." 부르주아지에게도 여전히 가족이 대단히 중요했으므로 이 혁명적 시대의 부르주아 자유주의에는 모순이 있었다. 그렇지만 혁명이 끝난 뒤 제정된 나폴레옹 법전도 동성 관계를 비범죄화했고, 프랑스 혁명의 영향을 받은 유럽의 여러 나라와 나폴레옹이 정복한 곳에서도 이를 본받은 법률이 만들어졌다.[76]

그렇다면 다른 나라들이 소도미에 대한 처벌을 완화하고 있을 때 영국에서는 왜 처벌이 강화됐을까? 아서 길버트는 영국이 나폴레옹 전쟁에서 고립되고 군사적 패배의 위기에 처한 시기에 [소도미에 대한] 박해와 대중적 적의가 어떻게 고조됐는지 보여 준다. 길버트는 소도미 행위가 재앙을 불러오는 공포의 표적으로 지목된 이유는 항문이 서구 기독교 전통에서 악의 상징으로 여겨졌기 때문이라고 주장한다. 또한 프랑스에게 패배한다는 것은 "윤리적·도덕적·종교적 영역에서 일어나는 혁명"으로 여겨졌다. 길버트는 전쟁 중에 해군이 소도미를 강도 높게 처벌한 것을 지적하면서 소도미 행위가 '일종의 도덕적 반란'으로 지목됐다고 말한다. 전쟁이 시작된 1793년이 아니라 거대한 반란이 일어난 1797년에 해군이 처벌을 시작한 것은 결코 우연이 아니었다.[77]

18세기에도 케케묵은 두려움은 사라지지 않았다. 짐승과의 성교를 끔찍하게 여겼고, 리스본 지진이나 1750년 런던에서 발생한 소규모 지진 등의 자연재해는 '자연에 반하는 악행'이 유행한 탓이라고 생각했다. 소도미를 이전보다 더 분명하게 규정한 것은 아니었다. [소도미를 증명하는 데] 삽입이나 사정의 증거가 필요한지 아니면 둘 다 필요한지, 12살짜리 소녀와 항문성교한 남자를 교수형에 처할 것인지(이 남자는 교수형 당했다), 소년에게 구강성교를 강요한 남자를 처벌할 것인지(이 남자는 사면됐다) 등을 둘러싸고 긴 법적 논쟁이 계속됐다.[78] 전통적으로 소도미에 대한 반감은 국가안보의 위기 정도에 따라 고조되거나 완화됐는데 18세기가 끝나고 19세기가 시작되던 무렵에는 그 이상의 무언가가 있었다. 핵심은 소도미에 대한 박해와 처벌이 강화되던 시기는 프랑스 혁명과 나폴레옹 전쟁이 벌어진 시기이기도 했지만 영국에서 산업혁명이 성장하는 결정적 시기였다는 점이다. 전쟁은 섬유산업, 광산업, 금속업의 성장을 촉진하며 산업자본을 집중시켰고, 노동자들을 장시간 일하도록 만들었다. 대다수 노동자는 발딛을 틈도 없는 빈민굴에서 사생활과 체면을 유지하는 데 필요한 가장 기초적인 시설마저 박탈당한 채 살았다. 1792~1836년 소도미가 자주 처벌되던 이 기간과 E P 톰슨이 《영국 노동계급의 형성》에서 다루는 기간이 거의 정확하게 일치하는 것은 우연이 아니다. [영국 지배계급이] 두려워한 혼란과 혁명은 '무신론적 프랑스'에서 비롯한 것인 동시에 영국 사회 내부에서 생겨난 것이었다.

캐서린 홀은 복음주의를 선전하는 '클래펌파'가 "여성, 가족, 성별 노동 분업에 대한 논쟁을 사회구조를 둘러싼 1790년대 논의의 핵심"으로 여겼다고 말한다.[79] 유럽 다른 나라의 지배계급은 영국의 지배계급만큼 성적 무질서의 위험을 경고하는 설교에 귀기울이지 않았는데, 사회의 붕괴와 혁명을 겁낼 만한 이유가 충분하지 않았기 때문이다. 소도미에 대한 대중의 적대감을 부채질하는 것은 일반 대중의 주의를 다른 곳으로 돌리려는 수작이기도 했다. [지배계급에게는 대중이] 부패한 정부에 반기를 들거나 개혁을 요구하며 반란을 일으키는 것보다는 떼 지어 다니며 소도미 행위자를 공격하는 것이 더 이로웠다. 교수형에 처하거나 조리돌림을 당한 사람들은 사실 상징적 희생양이었지만, 그들이 상징하는 위험은 이제 새로운 것이었다. [사회를 위협하는] 이단·마법·소도미라는 3종 세트가 이제는 소도미·반란·무질서로 바뀌었다.

성과 산업화

1790년대부터 1840년대까지, 영국 사람들은 계급을 막론하고 누구나 노동계급의 가족생활이 붕괴되고 있다는 것을 깨달았다. 이것은 공장과 대규모 작업장의 확대, 특정 산업에 종사하는 노동인구의 연령과 성별 구성을 계속 바꿔 버리는 기술혁신, 수많은 사람을 궁핍에 몰아넣는 주기적인 경기순환의 결과였다.[80] 일부 사람들은 여성이 공장과 탄광에서 일하는 지역의 노동력 재생산이 줄어들까 봐 우려했다. 더 많은 사람들은 무질서를 두려워했는데, 노동계급이 부모의 통제에서 벗어나고 가족을 부양할 의무에 얽매이지 않는 데다, 전통적인 연령별·성별 역할에 구애받지 않게 되면서 통제하기 어려워졌기 때문이다.

과거에는 농민, 장인, 가내수공업자의 가족이 생산을 담당했지만 자본주의에서는 가정과 일터의 분리에 기초한 독특한 가족 형태가 나타났다. 이제 사람들은 자본가가 소유한 작업장에서 상품을 만들고 임금을 받았고, '가족생활'은 [생산과] 무관한 영역이 됐다. 이런 변화는 17세기 말부터 대규모 작업장이 성장하고 직공의 수가 증가한 것에서 어렴풋이 예견됐다. 그러나 19세기 초의 산업화로 이런 흐름은 눈에 띄고 화제가 될 정도로 지배적이고 일반적인 추세가 됐다. 산업자본주의는 생산단위의 가족이 필요하지 않았고 처음에는 성별, 나이, 개성과 상관없이 그저 개별 노동자만 있으면 되는 것처럼 보였다. 마르크스와 엥겔스뿐 아니라 19세기 초의 많은 논평가들은 [가족이 해체될 것이라고] 생각했는데, (가내공업과 매우 대조적인) 자본주의의 특성 때문에 이런 분석은 타당해 보였다.

그러나 자본주의는 여러 이유에서 가족 단위로 조직된 남성, 여성, 아동의 노동력이 필요했고 이 사실은 산업혁명의 비교적 초기부터 분명히 드러났다. 노동력을 재생산해서 훈련하고 공장 규율을 가르치는 것, '가족 부양의무'를 통해 반항적인 노동자를 고분고분하게 길들이는 것, 각자도생과 개인주의 같은 자본주의 사상을 유지하는 것 등 가족이 필요한 이유는 다양했다. 여성과 아동의 임금이 남성보다 낮다는 사실도 새로운 산업자본가에게는 이득이었다. 산업자본주의는 가족이 필요했지만, 이것은 (서유럽에서 농노제 때부터 가족의 역할로 규정된) 생산을 배제한 새로운 형태의 가족이었다.

19세기 중반 성에 대한 태도는 사회 혼란과 혁명을 우려한 지배계급과 중간계급의 두려움과 밀접하게 연결된 것이었다. 공장·탄광·빈민굴의 끔찍한 환경에 대한 자극적 이야기나 개혁을 요구하는 연설과 소책자, 더 강렬한 인상을 주기 위한 삽화나 소설 등에서 성이 거론되는 경우가 눈에 띄게 늘었다. 이것은 흔히 말하는 번지수를 잘못 짚은 불안감이 아니라 초기 산업사회의 실질적 변화에 대한 반응이었다. 공장 감독관은 어린 여공들의 '난잡한 행실'을 정기적으로 캐물었다. 빈민굴의 사정을 묘사할 때는 남녀가 한 방을 쓰는 초만원 하숙집과 모퉁이마다 대기하고 있는 '이름난 매춘부' 이야기가 빠지는 법이 없었다. (1842년까지 여성들이 일했던) 깊고 컴컴한 지하 탄광에서 성관계를 했을 것이라는 상상은 20세기까지도 자유주의적 역사가들을 사로잡았다. 그래서 알레비가 여성 광원들에게 남성들이 품던 '추잡하고 더러운 욕망'을 스스럼없이 입에 올릴 수 있었던 것이다. 섀프츠베리 같은 개정론자는 14~15살에 '성관계'를 시작하는 버밍엄의 실태를 폭로하며 10대의 성 문제를 개탄했다.[81]

[그런데] 이런 모든 일이 어떻게 동성애라는 새로운 개념의 등장으로 연결된 것일까? 산업화가 가져온 가족의 변화에 대한

세 가지 서로 연관된 반응이 어떻게 이런 방향으로 이어졌는지 살펴보겠다. 그 세 가지 반응은 첫째, 일터와 가정을 '분리된 영역'으로 간주하는 것이 남녀의 성 역할에 미친 영향이고, 둘째, 성 과학과 '사생활'이라는 새로운 개념이 등장한 것이고, 셋째(마지막이라고 해서 덜 중요한 건 결코 아니다), 억압적인 통제 조처가 취해진 것이다.

가정은 여성과 아이들의 안식처이고, 일터는 남성에게 특히 적합한 '바깥 세계'라는 생각은 부르주아지와 전문직 계층에서 18세기에 처음 발전했다. 이들은 이제 자기 집에서 부를 창출하지 않았고 안락한 가정이라는 사적인 세계를 창조할 수 있는 자산이 있었다. 모든 집안일은 하인에게 시키고 그저 유행을 따라 사치품을 소비하는 게 이들의 생활 방식이 됐다. 이후 산업화 과정에서 동원된 성에 관한 인식들, 예컨대 여성은 더 '자연친화적이고' 남성은 더 '문명화한' 존재라는 따위의 관념은 18세기 프랑스 철학자에게는 이미 친숙한 것이었다.[82] 산업화가 상층계급뿐 아니라 일반 대중의 일터와 가정을 분리시킨 뒤에야 이런 인식이 광범하게 받아들여졌다.

영국에서는 18세기 말부터 가족에 대한 부르주아 이데올로기가 더 폭넓은 문제와 연결됐다. 복음주의자들은 의식적으로 자신들의 가족생활 개혁 운동을 자코뱅주의와 사회 반란을 막는 방파제로 여겼다. 이들은 귀족과 부르주아지를 설득하는 것에 그치지 않았다. 자신들의 생각을 담은 소책자를 싸게 만들어 배포하고 자선단체를 방문하고 하인의 고용주라는 자신의 지위를 이용해 노동계급 가족생활에 영향을 미치려고 노력했다.[83]

프랑스에서는 이미 1840년대에 대규모 회사들이 직접 나서서 가족생활, 올바른 성과 성 역할을 홍보하고 있었다.

노동자에게 ['올바른'] 도덕을 가르치려는 온정주의적 시도가 엄청나게 늘어났다. 많은 회사들이 청결, 절주節酒, 가족생활의 좋은 점을 설명하는 소책자를 발간해서 노동자들에게 배포했다. 작업장 규율을 강화해 점잖지 않은 옷차림이나 습관, 음담패설, 음란물 따위를 금지하기도 했다. 일부 회사는 너무 일찍 결혼하거나 사생아를 낳은 노동자를 해고했다. … 스당 지역의 사장들은 여성을 남성보다 일찍 퇴근시켜 남녀가 눈이 맞는 것을 방지하고 여성이 가족을 돌보는 데 더 많은 시간을 할애하노록 했다.[84]

노동계급에게 새로운 방식의 가족생활을 강요하는 것에 대한 반발도 있었다. '자유로운 사랑'을 주장한 생시몽과 대규모 공동체 '팔랑즈'가 가족생활을 대체해야 한다고 주장한 푸리에 등 공상적 사회주의자들은 가족제도에 도전했다. 《공산당 선언》과 1848년 혁명은 가족제도에 매우 직접적이고 정치적으로 도전했다. 마르크스와 엥겔스는 사회주의 혁명의 일환으로 가족제도가 폐지될 것이라고 공공연하게 주장했고, 파리에서 일어난 두 차례 혁명에서 여성이 중요한 구실을 했고, 남성 복장으로 구설수에 오른 여성 소설가가 새로운 프랑스 정부에 참여하기도 했다.[85]

영국에서는 오언주의자가 1830년대와 1840년대에 상당한 지지를 받았다. 오언주의를 지지한 노동자들은 결혼 제도와 사생아 차별 폐지, 가족생활을 공동체 생활로 대체하자는 제안, 여성의 일할 권리와 노동조합에 가입할 권리 등을 활발하게 토론했다. 오언주의 단체는 남성과 여성 간 장벽을 허물기 위해 모임과 친목 행사를 세심하게 조직했고 그 덕분에 유능한 여성 연설가와 조직자를 다수 배출했다.[86]

그러나 이런 사회주의적 대안과 방향이 다른 흐름도 나타났는데, 이것은 특히 차티스트운동(많은 오언주의자들도 이 운동에 참여했지만 이들은 단지 일부였다)에서 두드러졌다. 이 흐름은 돈벌이는 남성 몫이고 여성의 역할은 살림이라는 식으로 성 역할을 분명하게 나눠 노동계급 가족을 지키려 했다. 오언주의자들과 달리 차티스트운동에 참가한 사람들은 여성 조직을 따로 꾸렸다. 여성차티스트협회는 대체로 '아내·딸·어머니·애인'의 이름으로 주장하고 여성의 가정적 역할을 강조했다. 이들은 랭커셔의 방직공장에 남성 대신 여성이 고용되고,

신新구빈법 때문에 궁핍한 가족이 뿔뿔히 흩어져 '자연의 질서' 가 뒤집어지고 위협받는다고 주장했다. 차티스트운동 내부에 서 이런 생각은 오언주의 사상은 물론이고, 노동계급 여성을 능동적인 경제적 동료이자 노동 공동체의 구성원으로 보는 더 오래된 견해와도 경쟁을 벌였다.[87]

1850년대에 노동조합 안에서 오언주의가 쇠퇴하고 차티스 트운동이 패배하자, '점잖은' 노동계급 사이에서 가족생활과 성 역할에 대한 새로운 규범이 확고하게 뿌리내렸다. 완전한 사회주의적 변화를 이루지 못한 현대 산업사회에서 대다수 사 람에게 가족은 없어서는 안 되는 존재다. 19세기 자본주의 국 가에서 노동계급이 [가족 말고] 택할 수 있는 대안은 악명 높은 '구빈법 바스티유 감옥'(노동자들은 구빈원을 이렇게 불렀다)뿐 이었다. 그러나 돈벌이하는 남성과 이에 기대 살림하는 주부라 는 관념은 흔히 노동계급의 실제 삶과 어긋났다. 19세기 내내 임금노동을 하는 여성이 증가했고, 입에 풀칠하는 수준이 아 니라 가족이 모두 넉넉하게 먹고살 만큼 충분히 돈을 버는 노 동계급 남성이 소수에 불과했기 때문이다. 현대의 복지국가가 등장하기 전까지는 가족이 노인·병자·어린이·실업자 등 일할 수 없는 노동계급 구성원이 기댈 수 있는 유일한 곳이었다.[88] 19세기 자본주의 사회에서 가족의 중요성은 매우 실질적이었 기 때문에 사회가 요구하는 이상적 역할에 부합하지 않는 사람은 사회적으로 무시되고 어려움에 처했다. 당시의 사회 이데올로기는 가족이 '사생활'적 욕구를 충족시키는 최상의 공간이라는 생각을 부추기면서 이런 경향을 강화했다('사생활'에서는 성이 점점 더 두드러진 특징이 됐다).

이런 이유 때문에 직장이나 공공 생활과 분리된 사생활이 개인의 삶에서 중요하다는 생각이 퍼졌다. 이것은 18세기에는 부르주아지 내부의 이데올로기였지만 19세기에는 사회 전체로 확대됐다. 엘리 자레츠키는 다음과 같이 썼다.

가족이 사유재산에 기초한 생산단위였을 때, 그 구성원들은 자신의 가정생활과 개인적 관계가 공동의 노동에 뿌리박고 있다고 생각했다. 그러나 산업이 등장하고 프롤레타리아가 되는 과정에서 대다수 사람들(혹은 가족)은 생산수단을 소유할 수 없게 됐다. 그 결과 노동과 생활이 분리됐다. 프롤레타리아화는 소외된 노동으로 이뤄진 외부 세계와 개인적 감정을 달래는 내부 세계를 분리했다. 자본주의가 발전하면서 가족은 경제와 분리된 영역이라는 관념이 등장했고 생산양식과 무관하게 보이는 사생활이라는 독립된 영역이 자라날 수 있는 토양도 생겨났다.

자레츠키는 더 나아가 이런 변화가 어떤 면에서는 일반 대중에게 이익이라고 주장한다. '사적인 관계와 자기 계발'이 전에는 유한계급만 누리던 특혜였다며 말이다. 그러나 이런 변화는 엄청난 왜곡을 낳았는데, 사생활이 거대하고 새로운 삶의 영역으로 둔갑했고 이것이 사회의 나머지 부분과 맺는 관계는 감춰져 보이지 않았기 때문이다. 사생활에서는 주관성, 즉 개인이 "합리적 체계 안에 위치한다는 확신 없이 사회 바깥에 존재하는 고립된 개인이라는 생각"이 지배적 특징이었다.[89]

이것이 마르크스가 썼던 소외, 즉 노동자가 자신이 만들어낸 생산품에서 소외된다는 것의 또 다른 측면이다. 사생활은 인간답고 활력 있어야 할 생산 활동에서 소외돼 있고, 자율적으로 보이지만 실제로는 성 역할이나 가족 등 자본주의 사회가 요구하는 것에 종속돼 있다. 이 때문에 자본주의 사회에서는 성에 대한 새로운 담론이 필요하다. 이런 담론은 성 활동에 대한 자극인 동시에 일종의 통제 수단이다(미셸 푸코는 이 점을 아주 효과적으로 주장했지만 그 이유에 대해서는 전혀 다르게 설명했다). 이 담론의 핵심은 개인은 '자유롭게' 성적 관계를 맺고 만족을 얻을 수 있지만 가족과 성별 구조라는 공인된 규범을 벗어나면 안 된다는 것이다.

그래서 18세기와 19세기에는 성에 대한 의학 지식이 성의 중요성을 강조하는 동시에 그 복잡성과 위험도 강조하기 시작했다. 예컨대, 남녀의 성이 어떻게 다른지, 자위행위와 정력 '낭비'가 왜 위험한지, 성욕 항진이나 성욕 감퇴를 비롯해 이전에는 몰랐던 질병이 얼마나 많은지 등 끝도 없었다. 금지된 성을 "기독교인의 입에 차마 올릴 수 없는 죄악"으로 설명하던 낡은 관습을 우습게 만들 만큼 낯설고 새로운 단어가 엄청나게 쏟아졌다. 동성애도 이런 단어 가운데 하나였다. 의사들은 동성애를 성적 '타락'으로 규정하고 적대적으로 묘사했다. 의학계의 많은 사람은 동성애가 일종의 정신이상이거나 유전적 질환의 징후를 보여 주는 선천적 결함이라고 생각했다. 이들은 동성애를 병으로 여겼고, 이 문제를 중립적이고 과학적으로 서술했다고 자처하는 사람들도 '도덕적 타락' 같은 비난조의 표현을 은근슬쩍 사용했다. 이들은 대부분 동성애가 선천적이고 '잠재적' 조건을 지닌 사람에게 전염되기도 한다고 생각했다. 즉, 타고난 결함이 있는 사람이 나쁜 친구나 재수 없는 경험 때문에 동성애자가 된다는 것이다. 한 동성애자 저술가는 의학계의 이런 관점을 "[누군가가] 성도착자라는 역겨운 종자임을 법정에서 과학적으로 증명할 수 있는지, 이들이 자신의 행위에 대한 법적 책임을 져야 하는지를 주되게 고려하는" 것이라고 비판했다.[90]

그러나 19세기 후반에는 동성애에 대한 두 가지 설명이 있었다. 시기적으로 앞선 것은 '우라니안*', 즉 남녀의 생물학적

---

* 플라톤의 《향연》에 나오는 천상의 사랑에서 가져온 표현이다.

특징을 혼합해서 타고난 사람이라는 생각이었다. 이 용어는 1860년대 초 카를 하인리히 울리히가 사용했는데, 이 범주에 속한다고 자각한 많은 사람들도 이 용어를 받아들였다. 이런 생물학적 설명은 이후 약 100년 동안 자기 정체성을 규정하는 중요한 요소가 됐다. 해블록 엘리스, 헤르첸, 독일 사회주의자 베른슈타인 등 [동성애에 대한] 법적·사회적 태도 변화를 지지했던 저술가들도 울리히의 설명을 받아들였다('도착'이나 '동성애'라는 새롭게 등장한 단어를 사용했지만 말이다). 오늘날 대다수 동성애자들은 이런 설명을 인정하지 않는다. 이것은 충분히 이해할만한 일인데, 동성애자를 괴물 같은 변종으로 묘사하기 때문이다. 그렇지만 이런 견해는 동성애자 권리 운동에 커다란 기여를 했기 때문에 단순히 '자기 억압'의 역사적 형태로 치부해서는 안 된다.[91]

성에 대한 새로운 담론에서는 성이라는 개념 자체가 엄청나게 확장됐고 이것은 프로이트의 주장에서 절정에 달했다. 프로이트는 '성 충동'이 이제껏 생각했던 것보다 훨씬 광범위하고 사랑과 우정만큼이나 (예술·문학 등) 인간 행동의 매우 다양한 측면에 영향을 준다고 주장했다. 프로이트 자신은 이 주장이 [성] 해방을 추구하는 데 도움이 된다고 생각했지만, 이것은 동성 간 성행위를 더 넓게 규정하거나 이전에는 순수하고 찬사받던 행동을 비난하는 데도 이용될 수 있었다(실제로 그렇게 널리 이용됐다). 이것은 여성에게 가장 큰 영향을 미쳤지만 남성의 '동료애'에도 적용돼 20세기 초에는 어디까지를 '정상적' 남성의 행동으로 인정할 것인지를 둘러싸고 상당한 혼란이 생겼다.[92] 동성애자에 대한 법적 탄압은 뒤에서 검토하겠지만, 동성애만 법적 규제를 받은 게 아니라는 사실과 영국에서 매우 중요한 성과라고 여겨지는 라부셰르의 1885년 개정안은 성을 통제하려는 광범한 운동 과정에서 거의 우연적으로 통과됐다는 사실을 이해하는 것이 중요하다.

1864년에 전염병예방법이 실시되자 이에 반대하는 운동이 벌어졌다. 표면상 이 법은 성병에 대한 대응책이었지만, 실제로는 일부 여성에게 매춘부라는 꼬리표를 붙이고 강제 검사와 치료를 받게 해 노동계급 여성의 성 행동을 재정립하려는 속셈이었다(해당 여성과 성관계한 남성은 아무런 제재도 받지 않았다). 이 법은 노동계급의 광범한 저항을 불러일으켰다. 이 법이 남성과 일시적으로 동거하는 여성이나 쥐꼬리 만한 임금을 벌충해 보려고 이따금 매춘을 하는 여성도 단속했고 경찰의 말 한마디면 어떤 노동계급 여성도 잡아들여 검사할 수 있었기 때문이다.[93] 중간계급 페미니스트도 남녀 노동계급과 동맹해 이 법에 반대하는 운동을 활발하게 벌였다. 그러나 이 운동의 지도부가 성을 대하는 태도는 전혀 급진적이지 않았다. 이들은 남녀에게 다른 잣대를 적용하는 것을 반대했는데, [불만의 핵심은] 남성이 '성욕'을 억제하지 않고 자유롭게 행동할 수 있도록 허용한다는 것이었다. 그래서 이들은 남성에게도 여성과 똑같은 잣대를 적용해야 한다고 요구했다(여성이 남성만큼 성적 자유를 누려야 한다고 요구한 게 아니라 말이다). 이들 가운데 상당수는 남성의 성욕을 폭력적이고 억압적이라고 여기고 이를 통제해야 한다고 생각했기 때문에 1886년에 전염병예방법이 폐지된 뒤에도 계속해서 '사회 순결' 운동을 벌였다.[94]

한편, [〈폴 몰 가제트〉] 편집자 W T 스테드는 "현대 바빌론에 공물로 바쳐진 소녀"라는 연재 기사에서 어린 소녀를 상대로 한 인신매매를 폭로해 세상을 떠들썩하게 만들었고 그 결과가 1885년 개정법이었다. 이 개정법의 주요 조항은 여자의 성관계 동의 연령을 16세로 높이고 인신매매 행위(이른바 '백인 노예무역')를* 처벌하는 것이었다. 자유당 소속 하원의원 라부셰르는 남성 간의 '추잡한 외설 행위'를 범죄로 규정한 재앙적이고 악명 높은 조항을 끼워 넣으면서 자신의 의도는 소녀의 매춘과 똑같이 소년의 매춘을 처벌하려는 것뿐이라고 주장했다.[95] 스테드의 호들갑이나 1885년 개정법 등은 저마다 노동계급 여성과 청소년을 '구원'하기 위한 것이라고 주장했지만, 실

---

* 백인 노예무역은 영국 여성을 외국에 팔아넘긴 인신매매 행위인데, 언론이 그 규모를 크게 과장했다.

제로는 그들을 새로운 방식으로 구속했다(라부셰르의 개정안은 유난히 눈에 띄는 사례일 뿐이다). 이렇게 비판한다고 해서 빅토리아 시대의 매춘 여성이 흔히 멸시 당하고 부당한 대우를 받은 것이나 여성에 대한 폭력과 아동 성추행 등의 문제를 부정하는 것은 아니다. 그러나 19세기 말에 벌어진 여러 캠페인과 요란스럽게 떠들어대던 언론, 그 결과 만들어진 법은 특정 집단, 예컨대 '부끄러운 줄도 모르는 매춘부', 미혼모, 여러 남성과 동거한 여성, (섀프츠베리를 경악하게 한) 14~15살짜리 부부, 런던 웨스트엔드에 사는 상류층을 골라 성관계하는 젊은이 등을 사회에서 제거하려 했다.

자본주의 사회에서 입법 활동이나 국가 개입으로 성 억압 문제를 해결할 수 있다는 생각은 착각일 뿐 아니라 여러 집단의 사람들을 억압적이고 부정의한 국가 탄압의 위험에 노출시키는 것이기도 하다. 법률 개정을 소리 높여 요구하는 사람들은 이것을 예상하지 못하거나 대수롭지 않게 여길 수도 있지만 말이다.

법적 억압과 동성애자 권리

동성애를 범죄화하지 않았다면 오늘날 동성애자의 의식은 아마 지금과 달랐을 것이다. 독일과 영국이 특히 중요했는데, 19세기 후반 이 두 나라가 논란의 여지가 많은 법률을 도입했기 때문이다. 그러나 미국의 사례에서 알 수 있듯이 법을 획기적으로 고치지 않고도, 즉 기존 법을 새로운 방식으로 사용해도 법적 공격을 강화할 수 있었다. 19세기 말 [동성애에 대한] 새로운 의학적·법적 태도가 나타나면서 동성애자는 그들의 행동이 아니라 성적 지향 때문에 처벌받을 수 있었다. 그러나 독일과 영국의 새로운 법률은 흔히 생각하는 것과 달리 과거의 법률과 크게 다르지 않았다. 독일제국의 형법 175조는 "남성 간, 사람과 짐승 간 비정상적인 성관계"를 처벌한다고 명시했고,

나치는 처벌 대상이 성교에 한정돼 있기 때문에 너무 협소하다며 불만스러워 했다.[96] 1885년에 개정된 영국의 형법은 "남성 간 추잡한 외설 행위 일체"를 [처벌한다고] 명시했지만 이것은 18세기부터 사용된 '소도미 시도'라는 개념이 포괄하는 범위를 뛰어넘은 게 아니었다.[97]

그런데도 이 법을 비롯한 여러 법률은 점점 더 '동성애자'라는 새로운 범주에 적용되는 것으로 풀이됐고 20세기 주요 자본주의 국가는 모두 일정한 법적 형식을 이용해서 동성애자를 공격했다. 전통적으로 남성 사무라이 간 성적 관계를 인정했던 일본마저 1868년 이후 메이지유신에 따른 근대화 계획의 일환으로 동성 관계를 제한하는 법률을 도입했다.[98]

독일에서는 1869~1871년에 프러시아가 주도한 통일을 계기로 논쟁이 촉발됐는데, 그전까지 소도미를 범죄화하지 않던 여러 나라에 프러시아 법을 따르라고 강요했기 때문이다. 1860년대 초 카를 하인리히 울리히와 사회주의자 J B 슈바이처를 비롯한 많은 사람들이 법적 공격에 항의하기 시작했지만 이들의 주장은 독일이 통일된 후에 더 폭넓은 지지를 받았다. 각각 '동성애'와 '성도착'이라는 용어를 최초로 사용한 벤케르트와 폰 베스트팔을 포함해 의학계 잡지에 기고한 저술가들은 동성애 문제가 법률이 아니라 의학에 관련된 사안이라고 주장했다. 심지어 동성애에 대해 적대적 견해를 가진 의학 저술가들,

예컨대 "동성애자는 평생 격리돼야 하지만 범죄자로 낙인찍어서는 안 된다"고 생각한 크라프트에빙도 175조에 반대했다. 1897년에 마그누스 히르슈펠트는 독일에서 과학적인도주의위원회를 설립했는데, 이 위원회는 스스로를 방어하려는 동성애자와 [반동성애]법 폐지를 요구하는 정치적 운동(처음부터 독일 사회민주당의 지지를 받았다)을 연결했고 의학적·과학적 연구를 통해 동성애를 방어했다. 1898~1908년에 동성애를 주제로 한 서적과 소책자가 1000권 정도 발행됐다. 1919년 히르슈펠트는 성과학연구소를 세웠는데, 이 연구소는 1933년 나치의 손에 파괴되기 전까지 수많은 국제회의를 조직했다.[99]

양차 대전 사이에 독일의 동성애자 해방운동은 대중운동이라 할 만했고 이런 규모의 동성애자 운동은 1960년대 이전까지는 유례가 없었다. 그러나 이 운동의 정치는 혼란스러웠다. 히르슈펠트와 이 운동의 지도부였던 사회민주당 우파는 볼셰비즘과 혁명을 거부했다(독일에서 그들이 사소한 개혁을 쟁취하는 동안 러시아의 혁명정부는 동성애를 비범죄화했는데도 말이다). 이들은 양차 대전 사이에 독일에서 동성애자 권리에 관심 있는 사람들 다수가 극우파(1918년에는 4분의 3이 군주제를 지지했다고 한다)였다는 사실을 핑계 삼아 자신의 소심하고 온건한 정치를 정당화했다. 한편 '황금의 1920년대'에는 동성애자 술집과 클럽 등의 대안적 라이프스타일이 어떤 정치 선동보다 더 매력적으로 보였다. 제임스 스티클리는 다음과 같이 말했다.

개인적 해방과 집단적 해방 사이에 모순이 생겨났다. 알맹이 없는 형식처럼 보이는 법적 해방을 위해 투쟁하는 것보다는 도심지에 번성한 하위문화라는 현실의 유토피아를 즐기는 편이 더 쉬웠기 때문이다.[100]

1920년대에 독일의 수많은 동성애자가 실제로 이렇게 생각했다면, 이들은 그야말로 비극적인 착각에 빠져 있는 것이었다. 나치당(초기 지도부에는 동성애자로 알려진 사람도 있었고 특정 계층의 우파적 동성애자들에게 지지받기도 했다)은 동성 관계를 철저하게 반대했으며, 1933년에 집권한 지 단 몇 달 만에 동성애자 운동을 분쇄하고 많은 활동가를 추방했다. 1934년에 나치당은 동성애자 에른스트 룀과* 그의 동맹자들을 당에서 축출했고 파시스트 정권은 동성애자들을 대대적으로 공격했다. 그 결과 한 해에만 유죄판결이 1만 건이나 됐다. 유죄판결을 받은 최소 1만 명과 아마도 그 몇 배에 달하는 사람들(여성 동성애자를 처벌한다는 법은 없었지만 이들도 포함

---

* 나치당의 창립 멤버이자 나치돌격대의 사령관이었다.

됐다)이 강제수용소에 수감됐고 상당수가 그곳에서 목숨을 잃었다.[101]

1934년 12월 나치 법무부가 발표한 지침은 성행위를 하지 않았더라도 동성애자에게 유죄판결을 내릴 수 있다고 명시했다. 의도만으로도 충분하다는 것이었다. 새로운 반동성애법을 다룬 1935년의 소책자는 "욕구의 대상을 단순히 주시하는 행위"도 중죄라고 설명했다. 증거를 제시할 수 없다는 문제가 제기되자 재판부는 '음란한 눈짓 한번'으로도 충분한 처벌 근거가 된다고 판결했다. 그러나 이것의 논리적 결론은 증거재판주의 원칙을 내팽개친다는 것이고 개인의 성적 지향에 대한 심리학적 증거만으로도 충분히 유죄판결을 내릴 수 있다는 것이었다(1936년 이후 실제로 그랬다).[102]

영국에서는 1861년에 '남성이나 짐승과의 항문성교'에 대한 사형이 폐지됐지만 여전히 무기징역으로 처벌될 수 있었고, 소도미 시도나 '남성에 대한 추잡한 성주행'은 최고 징역 10년을 선고받았다.[103] 그런데 1885년 개정법에 라부셰르가 끼워 넣은 조항을 계기로 사회적 관심이 더 높아졌다. 그 조항에 동성애라는 새로운 개념은 들어 있지 않았다(사실 영국에서는 12년 뒤에야 이 말이 활자화된 형태로 나타났다). 남성 간 성적 행위를 지칭했던 '추잡한 외설'이라는 문구는 그 뜻이 상당히 모호했지만 바로 이런 모호함이 '공공장소나 사적 공간에서'라는 문구와 짝을 이뤄 동성애 개념을 더 폭넓게 만들었고, 동성애자 처벌을 정당화하는 재앙을 낳았다. 이 개정안이 통과된 후 몇 년 동안 신문의 머리기사를 장식하고 사회적 논쟁을 불러일으킨 기소 사례가 많이 발생했다. 1889년 클리블랜드 거리의 남성 사창가 사건과 1895년 오스카 와일드 재판이 대표적이었다. 클리블랜드 거리 사건은 하나의 인간 유형으로서 동성애자보다는 여전히 상류사회의 비행과 타락에 더 초점이 맞춰져 있었다.[104]

그러나 오스카 와일드의 재판이 있던 1895년에는 이미 상황이 달라졌다. 1880년대 후반 (결혼해서 두 아이가 있던) 와일드는 연하 남성과 여러 차례 연애했고 당시의 동성애자 하위문화를 즐겼다. 이런 라이프스타일은 (게이의 남성적 성을 옹호한다는 '대의'에 충실한) 귀족·지식인 서클과 즉석 만남을 즐기는 노동자와 매춘 남성의 세계를 연결했다. 개인적 일기와 편지를 보면, 와일드의 친구와 적대자가 모두 당시 영국의 인쇄물과 점잖은 담화에는 등장하지 않던 여러 개념을 사용했는데, 그 중에는 '동성애적'이라는 형용사와 '변태'라는 욕설도 있었다.[105]

와일드는 재판에서 스스로를 변호하며 "감히 그 이름을 부를 수 없는 사랑"(그의 연인 앨프리드 더글러스가 쓴 시의 한 구절이다)을 "완벽할 만큼 순수하며 영혼 깊숙한 곳에서 우러

나오는 사랑"이라고 옹호했고 "이것은 부자연스러운 게 아니다" 하고 주장했다. 이 감동적이고 유명한 연설은 와일드가 처한 상황을 고려하면 이해할 수 있는 일이지만 애매한 측면도 있는데, 연하 남성과의 관계에서 성적인 것을 모두 부인하는 것으로 해석될 수도 있기 때문이다. 감옥에서 중노동으로 몸이 망가지고 더글러스의 나쁜 행실에 괴로워하며 가장 침울했던 때, 와일드는 내무부 장관에게 보낸 탄원서에서 다음과 같이 진술했다.

이런 [동성] 행위는 성적 정신착란의 일종이며, 근대 병리학은 물론 많은 근대 법률도 그렇게 인정하고 있습니다. 특히 프랑스와 오스트리아, 이탈리아는 이런 잘못된 행위에 관한 법률을 폐지했는데, 이 행위가 재판관이 처벌해야 할 범죄가 아니라 의사가 치료해야 할 질병이라고 봤기 때문입니다.

그러나 1897년 석방된 뒤 1900년에 사망할 때까지 와일드는 울리히의 용어를 수용해 '우라니안의 사랑'이는 말을 즐겨 사용했다.[106]

이런 새로운 견해가 의학계와 법조인들 사이에 확산됐고 마침내 1918년에 섬너 경은 동성애자들이 "마치 어떤 신체적 특징을 공유하는 것처럼 특수하고 기이한 집단적 특징"을 지녔다

고 언급했다.[107]

20세기 초 영국에는 동성애자 해방에 헌신했던 사람들의 네트워크가 있었다. 남성이 특히 많았지만 여성도 일부 있었다. 사회주의자 에드워드 카펜터와 작가 해블록 엘리스도 이 네트워크에 속해 있었다. 양차 대전 사이에 이 네트워크는 성 개혁 운동에 참여했는데, 이 운동은 히르슈펠트의 독일 조직, 세계성개혁동맹과 연결돼 있었다.[108] 그러나 잘 조직된 법 개정 운동은 2차세계대전 이후에 일어났다. 1938년에서 1952년 사이에 [동성 관계에 대한] 기소가 다섯 배나 증가한 것이 [위기감을] 자극해 법 개정 운동에 나서게 만든 듯하다. 1950년대의 통계 수치는 소도미법이 추잡한 외설 행위라는 더 광범한 혐의와 나란히 계속 사용됐다는 사실을 보여 준다. 1952년에는 소도미와 수간에 대한 재판이 1043건 있었고 1953년에는 추잡한 성추행을 다룬 재판이 3305건이나 됐고 1955년에는 추잡한 외설 행위로 열린 재판이 2322건이었다.[109] 1950년대 초 언론도 잇단 재판과 추문을 떠들썩하게 다루면서 동성애에 대한 혐오를 엄청나게 쏟아부었다. 그러나 1957년 울펜든위원회는 21세 이상 남성의 동성 관계를 비범죄화 할 것을 권고했고 1958년에는 동성애법개혁협회가 설립돼 이런 권고를 이행하라고 압력을 넣었다. 1967년에 비범죄화가 이뤄졌지만 이것은 동성애자들의 투지나 의식이 크게 고조돼 생긴 결과는 아니었다. 당시의 운동은 온건하고 수세적이었고 매우 '비정치적'이었다. 이 개혁은 1964년에 집권한 노동당 정부 하에서 개별 의원들이 자유주의적이고 인도주의적인 법안을 발의한 데서 비롯한 작은 개혁 물결의 일부였다.[110]

미국에서는 낡은 법과 새로운 법, 명확한 혐의와 막연한 혐의를 마구 섞어서 사용하는 경향이 더 두드러졌다. 각 주마다 독자적 법이 있었기 때문에 [동성애자의] 법적 처지는 엄청나게 복잡하다. 게다가 많은 도시는 공중도덕 조례를 이용해서 분명한 불법적 행동을 하지 않은 사람도 공격한다. 1958년까지 코네티컷주 법은 "짐승과 성교하는 행위나 … 남성끼리 성관계를 갖는 행위는 자연의 질서에 반하는 것"이라며 이 둘을 똑같이 취급했고, 1960년대 초 일부 주는 최고형을 늘렸다(일부 주는 최고형을 낮췄지만 말이다). 명시적 법보다 훨씬 더 자주 동성애자들에게 적용된 포괄적 법 중에는 버펄로 지역의 '부도덕한 행위를 하려고 어슬렁거리는 것'에 대한 조항이나 뉴욕시의 'I와 D(빈둥거리고idle 방탕한dissolute 사람)' 조항도 있다. 각종 면허 관련 법을 이용해서도 얼마든지 공격을 할 수 있다. 예컨대, 1950년대 뉴욕에서는 한 번에 한 사람씩 화장실을 사용하게 한다는 조건을 수용해야만 레즈비언 술집을 열 수 있었다.[111]

[포괄적 조항이 많다 보니] 미국의 법률에서 소도미라는 옛 개념

이 동성애라는 새로운 개념으로 바뀌는 과정을 추적하기가 어렵다. 그러나 1940년대와 1950년대에 여러 주에서 성적 사이코패스 법을 도입해 재판부가 시민권에 명시된 일반적 보호 수단을 무시하고 전문가의 심리학적 검증만으로 개인을 감금할 수 있게 됐다(치료가 필요하다며 말이다). 이 '치료'는 전기 충격을 주는 '혐오 요법'과 전두엽 절제술 등을 포함했다. 1950년 대 중서부의 한 도시에서 [소년 한 명이 살해되자] 게이 29명이 단순히 동성애자라는 이유로 정신병원으로 끌려갔다(소년 살해 사건과 연관이 있는지 재판도 받지 못한 채 말이다).¹¹²

그렇지만 미국에서 동성애자들을 상대로 벌어진 가장 대대적이고 억압적인 공격은 매카시즘이 한창이던 때 공공 부문에서 일하는 수많은 동성애자를 해고한 사건이다. 1950년 상원위원회는 동성애자가 공직에 고용되면 안 되는 이유를 다음과 같이 보고했다. "성도착 행위에 빠지면 개인의 도덕성이 약해지고" "동성애자 한 사람이 정부 전체를 오염시킬 수 있으며" "감수성 예민한 젊은이들이 성도착자의 영향을 받게 될" 위험이 있다. 1953년에 발표된 행정명령 10450은 변호사 자격 박탈 사유에 반국가 활동뿐 아니라 '성도착'을 포함시켰다. 이를 빌미로 경찰은 마음대로 공격했고, FBI는 [동성애자] 술집의 손님 명단을 수집해서 신원을 조회했고, 우체국은 우편물을 염탐했다. 흔히 [국가기관의] 협박 때문에 정보를 제공했지만 일부 사람들은 협박에 굴하지 않고 이런 만행을 폭로했다. 그러자 이런 행위 자체가 스스로 동성애자임을 드러내는 것이라며 협조를 거부한 사람들을 해고했다.[113]

프랑스에서는 1791년 이후 성인의 동성 관계가 법적 처벌 대상은 아니었지만, 그렇다고 법적 공격이 전혀 없었던 것은 아니다. 경찰은 남성 동성애자들의 모임 장소를 주기적으로 급습했고, 1845년과 제2제정(1852~1870년) 시기에는 고소·고발이 줄을 이었다. 1880년대에는 더 억압적인 법을 제정하라는 요구가 있었지만 국민의회는 타인의 권리를 침해하지 않은 한 시민의 사생활에 간섭할 수 없다고 결정했다.[114]

19세기 말 이후 동성애자들이 억압에 대응해 온 역사는 두 가지 운동 경향으로 구별해 볼 수 있는데, 하나는 [공격에 맞서 직접 저항에 나선] 동성애자 운동이고, 다른 하나는 호모필* 운동이다. 호모필 운동은 여론을 설득하고 법 개정이나 사회적 관용을 요구하기 위해 저명한 비동성애자 인사들을 끌어들이는 것을 목표로 삼았다. 호모필 조직은 거의 예외없이 동성애가 '선천적'이라는 설명을 고집했다. "우리도 어쩔 도리가 없으니 제발 우리를 괴롭히지 말라"는 식으로 주장하는 것이 가

---

* 호모필homophile. 1940~1950년대 동성애자 권리 옹호 운동가들이 성적 어감이 덜하는 이유로 사용한 용어다.

장 설득력이 있다고 믿었기 때문이다.[115] 1960년대 말까지 전부 혹은 거의 남성 동성애자로 이뤄진 많은 조직은 사회적 체면을 매우 중요하게 여겼고 '부치'나* 스크리밍 퀸** 등 고정관념에 부합하는 사람들과 거리를 뒀다. 미국에서 냉전 기간에 생겨난 동성애자 조직은 확고한 온건파가 이끌었는데, 이들은 남녀 동성애자가 관습을 따르고 점잖게 행동해야 [사회적으로] '인정받을' 수 있다고 생각했다. 이런 역사적 배경을 알아야 이후 동성애자 해방운동에서 '자기 억압'이 쟁점이 된 것의 중요성을 이해할 수 있다.

예를 들어, 영국의 동성애법개혁협회는 "신이 특별히 동성애자들을 불러 육체적 순결을 명하시고 그들의 정력을 다른 곳에 사용하라 하셨다"고 믿는 '관대한' 성직자들의 관점을 선전했다. 미국의 개혁적 사회학자의 기록을 보면, 매터신협회의 대변인은 매터신협회가 사람들을 동성애자들로 '개종시키려는' 게 아니고 스스로 동성애자인지 의심하는 젊은이에게 "가능하면 다른 길로 가라"고 충고할 것이라고 말했다. 레즈비언 조직 '빌리티스의 딸들'의 일부 회원은 부치를 설득해서 치마를 입고 동성애자 회의에 참석하게 하는 것을 일종의 승리로 여겼

---

* 남성적인 레즈비언을 일컫는다.

** 매우 과장되게 행동하는 게이를 뜻한다.

다. 동성애자 권리라는 공통의 주제를 놓고 이렇게 다양한 '자기 억압적' 경향이 생긴 것은 계급적 편견과 우파적 정치와 더불어 법적 공격이라는 현실적 위험 때문이었다.[116]

1960년대 말에 성장한 동성애자 해방운동은 이와 달랐다. 이 운동은 미국에서 시작됐는데, 1960년대에 공민권운동과 학생운동이 상승하고 전투적 노동조합운동이 급증해 사회를 보는 시각이 근본적으로 바뀌었기 때문이었다. 급진적 동성애자 활동가 프랭크 카메니의 주장은 당시의 분위기를 잘 대변한다.

저는 미국유색인지위향상협회NAACP와 인종평등회의CORE가 어떤 염색체나 유전자 때문에 검은 피부가 생기는지, 흑인을 희게 만들 가능성은 없는지 걱정하는 것을 보지 못했습니다. 브나이브리스인종모독반대동맹이 유대인을 기독교로 개종시켜 반反유대주의 문제를 해결하려 한다는 얘기도 듣지 못했습니다. … 동성애는 결코 부도덕하지 않습니다. 아니, 성인의 동성애 행위는 (긍정적이고 좋은 의미에서) 도덕적이며, 사회와 개인 모두에게 올바르고 유익하며 바람직한 행위입니다.[117]

여성 동성애의 역사는 다른가?

여성 동성애의 역사는 남성 동성애의 역사보다 쓰기가 더 어려운데, 여기에는 몇 가지 이유가 있다. 첫째, 앞에서 언급 했듯이 초기 계급사회의 역사에는 여성 간 관계가 잘 드러나지 않기 때문이다. 이것은 여성 간 성적 관계가 존재하지 않았다는 게 아니라 그런 관계를 발견하기가 매우 어렵다는 뜻이다. 둘째, 여성 동성애의 역사가 여성 억압의 역사와 페미니즘의 등장과 매우 밀접하게 연결돼 있기 때문이다. 여성 억압이나 페미니즘의 역사에 그냥 묻혀 버릴 정도는 아니더라도 말이다. 셋째, 서구 사회에서는 성과 무관하다고 여겨진 신체적 접촉이 남성보다 여성 사이에서 훨씬 더 오래 용인됐기 때문이다. 이런 사실과 더불어 현대 사회에서 여성 간 성관계를 범죄화한 곳이 거의 없다는 점 때문에 레즈비언은 게이보다 '덜 억압받았다'는 주장이 제기되기도 한다. 그러나 억압당하는 정도를 양으로 재는 것은 불가능하고 누가 더 억압받느냐는 식의 논쟁은 비생산적이고 분열을 초래한다. 자본주의 사회의 역사, 가족의 구실, 사생활 이데올로기에서 성이 차지하는 위치 등으로 볼 때 레즈비언에 대한 억압은 게이에 대한 억압과 매우 비슷하다. 다만 이것을 분리해서 더 분명하게 설명해야 할 것이다.

여성 동성애 역사에는 마르크스주의자들이 알아야 하고 답변해야 할 몇 가지 쟁점이 있다. 그중 하나는 릴리언 페이더먼, 마사 비시너스, 실라 제프리스 같은 역사가가 레즈비언주의를 분리주의 페미니즘과 동일시하는 것이다.[118] 이것은 19세기 말 여권 신장 운동에서 전문직 독신 여성이 한 구실, 19세기 말과 20세기 초의 '사회 순결' 캠페인이 남성의 성적 행태에 보인 적대감, 1970년대 중반 이후 여성운동 안에 자리 잡은 정치적 레즈비언주의 경향을 모두 합쳐 노동계급이나 급진적 정치와 분리된 여성운동의 역사를 구성하려는 것이다.

이런 식의 접근법에는 여러 문제가 있는데, 우선 소수의 중간계급과 상층계급 여성(노동계급 '자매들'을 업신여기거나 경멸하기 일쑤다)이 모든 것을 주도하는 엘리트주의적 역사라는 것이다. 게다가 여성 동성애 역사에서 성적인 측면을 지우려는 경향도 있다. 요즘에는 '여성 동성애는 성적인 것과 무관하다', '레즈비언은 맨 먼저 남성을 거부하는 여성이다', '레즈비언과 게이는 아무 공통점이 없다'는 말을 흔히 듣는다. 일부 지역에서 벌어진 '긍정적 이미지' 캠페인은 레즈비언의 이미지를 개선하는 데 집중했고, 겉모습이나 행동거지가 '험악'해 보이는 레즈비언의 참가를 달가워하지 않았다. 이것은 상당히 보수적 경향이고 오늘날 대다수 레즈비언이 겪는 경험과도 동떨어져 있다. 여성 동성애의 역사를 새롭게 써서 분리주의 페미니즘을 반박하고 혁명적 정치를 대안으로 주장해야 한다. 그렇지만 이에 필요한 역사적 자료를 찾아내는 게 만만치는 않다.

중세에서 20세기 초까지 여성 간 성관계에 대한 태도는 모순적이었다. 어떤 행위는 '자연에 반하는' 것이라며 매우 불쾌하게 여겨졌지만, 오늘날 레즈비언 사이에서 이뤄지는 행위는 대부분 관심 밖이거나 용인됐고 심지어 장려되기도 했다.

13세기 이후 소도미를 논한 거의 모든 신학자와 법률 전문가는 여성도 소도미죄를 저지를 수 있다고 생각했다. 이들 중에는 (아리스토텔레스처럼) 여성은 남성과 달리 낭비할 '씨'가 없다고 믿는 사람도 있었고 그렇지 않은 사람도 있었다. 이 전문가들(하나같이 남자였다)은 몇 가지 문제 때문에 골머리를 앓았는데, 첫째, '물질적 도구'(즉, 남성 성기 대용품)가 없는 경우에 무엇을 근거로 이것을 끔찍한 죄악이라고 규정해야 할지 몰랐다. 둘째, [여성 동성애로] 기소되는 일은 매우 드물었기 때문에 재판이 열려도 재판관은 확신을 가지고 판결을 내리지 못했다. 그러나 16~18세기에 이와 관련한 처벌이 손에 꼽힐 만큼 있었는데, 대부분 그 염려하던 '물질적 도구'를 사용한 경우였다.[119] 12세기 수녀에서 19세기 여학생에 이르기까지 여성의 동성 관계가 번성했는데, 이런 관계는 비난받기는커녕 오히려 적극적으로 장려되기도 했다. 여성끼리 주고받는 낭만적인 우정이나 사랑 표현뿐 아니라 입맞춤·포옹·동침도 수 세기 동안 사회적으로 인정받았다(남성끼리의 매우 가벼운 애정 표현에는 눈살 찌푸리던 시기에조차 말이다). 여성 간 관계는 여성다움·결혼·모성애와 모순되지 않는다고 여겨졌고, 18세기 후반과 19세기에 영국과 북미에서는 여성의 성적 본능이 더 약하다는 이론에 힘입어 이런 관계가 더욱 장려됐다.

미혼 여성들이 함께 살 때조차 이들의 관계는 순수하고 고귀하다고 여겨졌는데, '랑골렌의 숙녀'* 같은 상층계급 여성일 때는 특히 더 그랬다. 아일랜드 상층계급인 랑골렌의 숙녀들은 1778년에 가족을 피해 도망친 후 50년을 함께 살았는데,

---

* 랑골렌의 숙녀는 엘리너 샬럿 버틀러와 세라 폰손비를 일컫는데, 둘 모두 세력 있는 명문가의 딸이었다. 웨일즈 북부 덴비셔의 작은 마을인 랑골렌에 자리를 잡은 후 평생을 함께 살았다.

이들은 덕망이 높았고 명망 있는 사회적 인사와 문학가 등과 활발하게 교류했다. 1811년 에든버러에서 여학교를 운영하던 제인 파인과 메리언 우즈는 자신들이 잠자리에서 나쁜 짓을 한다고 제기한 인도계 영국인 학생의 할머니를 고소했다. 그러자 변호사는 물론이고 판사까지 나서서 기독교를 믿는 영국 여인이 그런 일을 할 수 있다는 생각 자체가 말이 안 된다며 파인과 우즈를 변호했다.[120]

이 두 사례의 당사자들은 자신들의 관계가 성적이지 않다고 주장한다(랑골렌의 숙녀 중 한 명은 [자신의 관계를] 음란하다고 제기한 런던의 한 신문기자를 고소하겠다고 위협하기도 했다). [성과 무관한] 이런 관계가 여성 동성애 역사에서 주를 이룬다고 보는 것은 사실을 왜곡하는 것인데, 이런 시각은 여성의 성을 부정하기 때문이다. [반대로] 이런 관계는 언제나 성적이었지만 사회의 무지 때문에 쉽게 드러나지 않았다고 주장하는 것도 사실을 왜곡하는 것이다. 이 두 견해는 모두 성의 개념이 바뀌면서 자기 규정도 바뀌어 왔다는 사실을 고려하지 않는 것이다. 애정 어린 우정은 분명 여성 동성애 역사의 한 부분이다. 그러나 [전체 그림을 그리려면] 비어 있는 다른 부문을 채워 넣어야 한다.

주류 페미니즘은 별로 신경쓰지 않지만 여성 동성애 역사에는 노동계급 여성과 관련이 더 많은 갈래도 있는데, 이것은 남성으로 '통하는' 노동계급 여성에 대한 것이다. 이들은 남성의 일을 했고 다른 여성과 결혼하고 성적 관계를 맺었다. 여장한 남성과 달리, 남장한 여성은 [여러 사회에서] 오랫동안 용인됐다 (그 수가 많으면 안 됐지만 말이다). 여장한 남성은 자신을 여성의 지위로 '낮추는' 것이지만 남장한 여성은 어쨌든 더 우월한 남성의 지위로 '자신을 높이려고' 애쓰고 있다고 봤기 때문이다. 중세 초에는 남장한 성녀聖女에 대한 소설도 있었다(이들의 성적 관계가 분명하게 드러나지는 않지만 말이다). 18세기에는 여성 군인, 선원, 해적도 꽤 있었는데, 이들은 다른 여성과 결혼하기도 했고 자신의 '아내'와 정착해서 소규모 장사(주로 술집이었던 듯하다)를 했다. 19세기에는 노동계급 여성이 자신의 임금으로 생계를 유지하기가 상당히 어려웠기 때문에 남장을 유도하는 경제적 동기가 매우 많았다.[121]

남장을 하거나 남장을 하고 다른 여성과 성관계를 했다는 이유로 처벌받은 여성은 거의 없었다. 물론 남장한 여성과 그렇지 않은 여성 간 성관계가 얼마나 많이 있었는지는 알 수 없다. 그렇지만 1940~1950년대 미국의 일부 도시에서 레즈비언 하위문화가 나타났을 때, 남성으로 통하는 여성('남성적' 직업을 갖고 아내와 함께 노동계급 거주지에 살았다)은 스스로를 레즈비언으로 규정했다. 그러나 1960년대 초 레즈비언 정치조직 '빌리티스의 딸들'의 온건파 지도자들이 앞에서 설명한 이유 탓에 이성 복장 착용을 원칙적으로 반대했기 때문에 이런 여성들이 미국의 레즈비언 정체성을 형성하는 데 기여한 점은 무시되기 일쑤였다.[122]

주류 페미니즘의 반감 때문에 여성 동성애 역사에서 흔히 무시되는 또 다른 갈래는 바로 매춘이다. 과거에 매춘부가 다른 매춘부나 매춘부가 아닌 여성과 성관계를 했다는 증거는 아주 많다. 이런 증거의 출처가 모두 관음증적 남성의 말과 글은 아니고, 설사 그렇다 해도 19세기 말 프랑스 문학에 이런 묘사가 빈번하게 나온다는 것은 이것이 적어도 프랑스의 실생활을 어느 정도 반영한다는 뜻이다. 게다가 19세기 말 프랑스의 상층계급을 상대하는 매춘부들은 자신이 다른 여성과 맺은 관계를 기록으로 남겼는데, 이것은 남성 소설이 전하는 분위기, 즉 19세기 말 파리의 성생활에서는 여성 간 관계가 드물지 않았다는 것을 뒷받침한다.[123]

19세기에 (부자가 아닌) 여성이 성 상대를 자유롭게 고르고 생계를 유지할 수 있는 거의 유일한 방법은 '직업여성'이 되는 것이었다는 사실과 혼외정사를 한 여성에게 (실제 매춘부가 아니더라도) 매춘부라는 낙인을 찍는 일반적 경향이 있었다는 사실은 쉽게 잊혀진다. 자신의 성을 인식한 여성이 매춘부가 되는 것은 흔한 일이었다. 예를 들어, 알미다 스페리(옘마 골드만을 사랑한 아나키스트)가 오늘날 우리가 생각하는 직업 매춘부였는지는 매우 불확실하지만 뭐가 됐든 (조앤 네슬리가 지적했듯이) 스페리는 랑골렌의 숙녀 못지않게 여성 동성애 역사의 한 장을 장식할 자격이 있다. 아니, 여성을 향한 자신의 사랑에 성적 욕구도 포함된다고 인정했다는 점에서 랑골렌의 숙녀보다 더 충분한 자격이 있다고 할 수 있다. 스페리는 엠마 골드만에게 보낸 편지에 다음과 같이 썼다.

"언젠가 나의 이런 성향이 사라질 수도 있겠지만 내가 그것을 버리고 싶은 마음이 조금이라도 있는지 모르겠어요. 이 성향은 습득한 것이 아니라 자연스러운 것이니까요."[124]

동성애에 대한 여러 의학적 견해는 매우 초기부터 '도착'이라는 문제가 대칭적이라 남성 동성애자가 있다면 여성 동성애자도 있다는 것을 공식 인정했다. 그런데도 대다수 저술가는 레즈비언이 드물다고 주장했다. 그러나 19세기 말 파리에서 소수 특권층을 중심으로 퇴폐적이고 이국적인 레즈비언 문화가 등장했고 르네 비비앙이나 내털리 바니* 같은 여성은 레즈비언

---

* 르네 비비앙은 프랑스에 거주한 영국인 시인이고 그녀의 이름을 딴 르네 비비앙 상이 만들어지기도 했다. 내털리 바니는 프랑스에 거주한 미국인 극작가이자 시인이다. 이 둘은 연인 관계였다.

이 실재한다는 증거였지만, 레즈비언이 본질적으로 이상한 존재라는 증거로도 쓰였다.[125] 그러나 이때까지도 여성 동성애를 분명한 범죄로 취급하는 경우는 거의 없었다. 프랑스·독일·영국에서는 여성 간 성적 관계를 범죄화하려고 했지만 실패했다. 1921년 영국 하원은 1885년 개정법에 포함된 '추잡한 외설 행위' 조항을 여성에게도 적용한다는 개정안을 통과시켰지만 상원이 이를 거부했다. 하원은 레즈비언이 중간계급의 결혼 생활을 위협한다는 공포 때문에 개정안을 통과시켰지만, 상원은 상층계급 여성의 '순수한' 우정을 보호하고 없다시피 하다고 여겨진 행실에 괜히 여론이 주목하는 것을 방지하려고 개정안을 거부했다.[126]

여성 동성애는 드물다는 생각이 처음에는 유리한 듯 보였지만(1921년 개정안이 부결된 것을 보면 확실히 그랬다), 이것은 현실에 존재하는 레즈비언을 게이보다 훨씬 더 끔찍하게 여긴다는 것을 내포했다. 성에 대한 새로운 생각이 퍼지면서, 대다수 여성 간 관계를 순수한 우정으로 여겨 보호하던 관행은 금세 사라졌다. 1920년대 영국과 북미에서는 동성애 혐오 분위기가 등장해 잡지와 소녀 소설에서 동성애가 사라졌고 동거하는 여성들을 의심하게 했다.[127]

1928년 래드클리프 홀의 소설 《고독의 우물》이 외설죄로 재판 받을 때 여성 동성애에 대한 영국 당국의 태도가 매우 분명하게 드러났다. 홀은 상류계급에 속한 레즈비언이고 정치적으로는 매우 확고한 보수주의자였다(그녀는 이탈리아 파시즘에 우호적이었다). 그렇지만 홀은 부당한 사회에 맞서 '성도착자'를 옹호하겠다는 분명한 목적을 가지고 소설을 썼다. 홀의 소설에는 성을 노골적으로 묘사한 부분이 전혀 없었는데도 홀을 기소해야 한다고 주장한 기자는 "건전한 소년과 소녀에게 이 소설을 주느니 차라리 청산가리가 든 병을 주겠다"고 썼고, 판사는 이 소설이 외설적 주제를 다뤘기 때문에 유죄라고 판결했다.[128]

20세기 레즈비언에 대한 공격은 자본주의 사회에 걸맞는 성이 구축되면서 게이가 공격받게 된 것과 같은 맥락에서 생겨났다(레즈비언에 대한 공격이 자리 잡는 데는 더 오랜 시간이 걸렸지만 말이다). 이것은 여성해방운동에 대한 반격이기도 했는데, 1918~1919년에 여성해방운동은 30세 이상 여성의 투표권과 고용 차별을 금지하는 '성별 자격 제한 폐지법령'을 쟁취하는 등 주목할 만한 성과를 거뒀다. 그러나 이런 공격과 더불어 여성의 역할에서 벗어나 직업을 갖거나 정치 활동(이런 일을 결혼과 병행하기는 어려웠고 거의 불가능했다)을 하는 여성을 '비정상'이라고 비난했다.

한 가지 기억해야 할 사실은 당시의 성 해방운동이 이런 공격을 받은 여성들을 별로 돕지 않았다는 것이다. 이 운동의 일

부였던 스텔라 브라운 같은 사회주의 페미니스트조차 여성이
이성 관계를 자제하면 성적 '욕구불만'이 생길 위험이 있다고
강조했고 다음과 같은 모순적 글을 쓰기도 했다.

나는 실제 동성애자의 애정 생활을 얕잡아 보거나 모욕하려는
생각을 모두 거부한다. 그러나 이성애자 사이에서 이런 행위가
증가하도록 강요하는 것도 바람직하지 않다.[129]

여성 동성애는 전형적으로 '확실한 성도착자'와 '정상적 여성'
의 관계로 그려졌기 때문에(레드클리프 홀이나 다른 사람도 그
렇게 묘사했다) 레즈비언의 앞날은 어두워 보였다.

독일에서는 1900년 이후 레즈비언이 계속해서 동성애자 해
방운동에 참여했지만, 미국과 영국(훨씬 더 작은 규모다)에서
는 2차세계대전이 끝난 후에야 레즈비언 정체성이라는 의식이
등장했다. 존 데밀리오는 2차세계대전이 가져온 변화가 중요했
다고 지적한다. 즉, 통상적 삶의 방식이 무너지고 사람들이 새
로운 환경(군대나 새로운 작업장 등 단일한 성으로 구성된 경
우가 흔했다)에 놓이게 되면서 미국의 수많은 동성애자는 "전
국 곳곳에서 커밍아웃"을 하게 됐다. 이런 변화는 아마 남성보
다 여성에게 훨씬 더 의미심장했을 텐데, 여성은 가족과 친척
에 더 얽매여 살았고 여성의 일로 여겨진 [제한된] 분야에서만

일할 수 있었기 때문이다.

레즈비언에 대한 새로운 공격은 전쟁 막바지에 동성애자를 군대에서 내쫓으면서 시작됐고 매카시즘 시대로 이어졌다. 1960년대 초 설립된 온건파 레즈비언 조직 '빌리티스의 딸들'이 성공을 거두자 당시 미국의 덜 점잖은 레즈비언, 즉 부치/팸* 문화를 공유한 노동계급 레즈비언은 한쪽 구석으로 밀려났다. 이 때문에 영국을 비롯한 여러 나라에 미국의 노동계급 레즈비언에 대한 연구가 거의 존재하지 않는다.[130]

1960년대 말 이후 동성애자 해방운동과 여성운동에 힘입어 레즈비언에 대한 인식이 높아졌고 많은 레즈비언이 정치 활동에도 참여했다. 그러나 영구적 성과가 없는 듯 보였는데, 특히 동성애자 해방운동과 여성운동에 참가하지 않은 상당수 레즈비언이 그렇게 느꼈다. 경찰 공격과 물리적 폭력, 공공연한 비방은 끊임없이 일어났고 최근에는 이런 일이 증가했다. 법원은 양육권 분쟁에서 레즈비언에게 불리한 판결을 내리고, 국가는 연금과 주택 공급 계획에서 레즈비언을 배제한다. 무엇보다 레즈비언은 고용 차별에 쉽게 노출되고, 해고될 수 있다는 두려움 때문에 직장에서 커밍아웃하기가 매우 어려워진다. 동료들

---

* 부치butch는 남성적인 레즈비언을 뜻하고 팸femme은 여성스러운 레즈비언을 뜻한다.

의 연대와 노동조합의 방어 활동은 이들에게 보호막이 될 수 있지만 이런 연대는 하루아침에 건설되지 않는다.

레즈비언 억압은 단기간에 해결되거나 개인적으로 해결할 수 있는 문제가 아니다. 게이의 해방과 마찬가지로 이 문제는 사회와 성에 대한 태도를 완전히 바꾸기 위한 혁명적 전략과 맞물려야 한다.

사회주의적 섹슈얼리티를 향하여

  지금까지 동성 관계는 단순히 타고난 것이 아니라 인간의 모든 섹슈얼리티와 마찬가지로 사회적으로 구성됐다는 점을 살펴봤다. 인간관계는 모두 더 넓은 사회의 일부이고 이 사회는 생산양식과 계급 구조, 구체적 역사적 상황에 따라 형성됐기 때문에 동성 관계는 사춘기·결혼·출산 문제처럼 각기 다른 사회에서 다른 방식으로 등장했고 다른 의미를 지녔다. 섹슈얼리티는 자연적으로 구성되지 않는다. '동성애자'나 '이성애자' (또는 아버지·어머니·연인·매춘부 등) 같은 자기규정은 우리가 살고 있는 사회와 관련돼 있다.

  사회의 근간이 바뀌면 성적 관행과 인식도 크게 달라졌다. 서구에서는 낡은 관습을 뒤엎고 새로운 관습을 만드는 데서 고대 노예제 사회의 몰락과 산업혁명이 특히 중요했다. 이 두 변화의 시기는 서구에서 동성애 혐오가 등장하는 데 배경이 되는 가장 중요한 시기이기도 했다. 동성애 혐오는 역사 내내 존재한 문화적 현상이 아니라 새로운 환경에 대한 반응으로 생겨났다고 봐야 한다.

가족제도는 성을 계급사회 속에 통합하는 데 언제나 가장 중요한 구실을 했다. 그러나 자본주의 사회에서 가족의 지위가 (생산에서 분리된 사생활이라는 독립된 영역으로) 변하자, 이전 모든 사회와 다른 새로운 섹슈얼리티 관계와 의미가 생겼다. 그러므로 오늘날의 동성애자 의식과 동성애자 억압은 현대 자본주의 사회의 독특한 현상이다. 이전 사회도 분명 동성 관계나 동성 관계를 한 사람들을 처벌했다. 그러나 사회가 성적 지향을 이유로 특정 사람을 다르게 규정하고(이 때문에 그들도 스스로를 그렇게 규정했다), 이런 차이를 빌미로 억압하고 처벌하는 상황은 산업혁명 이후에야 생겨났다.

그러므로 동성애자 억압에 맞서는 투쟁은 자본주의 사회를 철폐하고 자본주의가 왜곡한 성과 성 역할을 바로잡는 투쟁이다. 여기서 핵심은 노동계급이 주도하는 사회주의 혁명을 통해서만 이런 변화를 이룰 수 있다는 것이다. 그런데 사회주의가 동성애자·여성·아동을 억압하지 않고 성적 자유를 보장할 것이라는 근거는 무엇일까? 이 질문에 두 가지 방법으로 답변할 수 있다. 하나는 자본주의에 만연한 성적 소외와 억압의 동기가 사회주의 사회에서는 사라진다는 것을 논증하는 것이다. 다시 말해, 사회주의 사회에서는 사생활의 규범이 되는 가족 제도와 여성의 불평등, 현대 과학기술의 발달로 불필요해진 성별 분업이 사라지고 오늘날 사회를 운영하는 데서 완전히 배제된 무기력한 압도 다수도 존재하지 않을 것이다.

또 다른 답변은 억압에 맞선 오늘날의 투쟁은 모두 사회주의 사회의 성 해방 전망을 밝게 한다는 것이다. 엥겔스는 자신을 포함해 현재에 사는 그 누구도 사회주의 사회에서 자유로운 남녀가 어떤 인간관계를 맺을지, 성적 관계가 어떤 형태일지 예측할 수 없다고 말했다. 이것은 현명한 답변이라고 할 수 있는데, 엥겔스와 마르크스가 언뜻언뜻 드러낸 개인적 편견(사적인 편지에만 표현돼 있다)에서 알 수 있듯이 이들은 동성애자 문제에 대해 정말로 잘 몰랐기 때문이다.[131] 오늘날의 마르크스주의자도 지금의 사상으로 미래를 재단하지 않는 게 현명할 것이다(예컨대, [사회주의 사회에서는] '모든 사람이 양성애자가 될 것'이라고 예측하는 사람들이 꽤 있는데, 대다수 동성애자에게 이것은 그저 자신을 소멸시키기 위한 또 다른 계획으로 들릴 것이다). 그러나 오늘날의 마르크스주의자는 확실히 마르크스·엥겔스보다 동성애 문제를 더 잘 이해하고 있다. 이것은 마르크스·엥겔스 사후에 벌어진 투쟁 덕분이다. 마르크스주의는 19세기에 독일인 두 명의 머리에서 느닷없이 생겨난 것이 아니었다. 1840년대에 급진적 사상이 노동계급 투쟁과 만나면서 마르크스주의가 탄생했다. 마르크스주의는 현실의 투쟁에 참가하고 그 투쟁의 교훈을 배워야만 살아 숨쉬고 발전할 수 있다.

오늘날 성 해방이 유의미한 진전을 이루려면 사회주의 혁명이 꼭 필요한 것처럼 동성애자 해방 문제도 사회주의를 위한 투쟁에 매우 중요하다.

후주

1   F Engels, *The Origins of the Family, Private Property and the State*[국역: 《가족, 국가, 사유재산의 기원》, 두레, 2012], in Marx and Engels, *Selected Works*(Moscow, 1962), p 241.

2   K Marx, *Early Texts*(ed D McLellan, Oxford, 1971), p 139.

3   J Weeks, "Discourse, Desire and Sexual Deviance", in K Plummer(ed), *The Making of the Modern Homosexual*(London, 1981), p 82.

4   M McIntosh, "The Homosexual Role", in Plummer, 앞의 책, pp 30~49.

5   Weeks, *Coming Out*, pp 2~5.

6   L Crompton, "Gay Genocide", in L Crew, *The Gay Academic*(Palm Springs, Ca, 1978); R Trumbach, "London's Sodomites: Homosexual Behavior and Western Culture in the Eighteenth Century", *Journal of Social History* 11(1977~78), pp 1~33.

7   Trumbach, 앞의 글; J Boswell, *Christianity, Social Tolerance*

and Homosexuality(Chicago, 1980).

8   Plummer, 앞의 책, pp 44~49, 53~75, 76~111; J D'Emilio,
     "Capitalism and Gay Identity", in A Snitow, C Stansell and S
     Thompson(eds), *Powers of Desire*(New York, 1983), pp 100~113.

9   E Burke Leacock, *Myths of Male Dominance*(New York,
     1981), pp 33~194.

10   E Blackwood, "Sexuality and Gender in Certain Native
     American Tribes: the Case of Cross—Gender Females", *Signs*
     10(1985), pp 27~42; J Katz, *Gay American History*(New York,
     1976), pp 423~503.

11   V L Bullough, *Sexual Variance in Society and History*(Chicago,
     1976), pp 28~31; F E Evans—Pritchard, *The Azande: History
     and Political Institutions*(Oxford, 1971), pp 199~200.

12   Trumbach, 앞의 글, pp 1~8. 성의 유형에 따라 지역을 구분할 수
     있다는 주장은 흥미롭다. 그러나 서로 다른 사회들의 계급적 성격에
     따른 정보 분류도 필요하다.

13   Bullough, 앞의 책, pp 298~300.

14   Bullough, *Sex, Society and History*(New York, 1976), pp
     29~33; *Sexual Variance in Society and History*, pp 39~45,
     52; Derrick Sherwin Bailey, *Homosexuality and the Western
     Christian Tradition*(London, 1955), pp 33~35.

15   Bullough, *Sexual Variance in Society and History*, pp
     58~67; Bailey, 앞의 책, pp 31~33.

16   K Dover, *Greek Homosexuality*(London, 1978), pp 4~9,
     111~134와 삽화.

17   Plato, *The Symposium*(Harmondsworth, 1951), p 48.

18　같은 책, p 50.

19　D Cohen, "Law, Society and Homosexuality in Classical Athens", *Past and Present* 117(1987), pp 3~21.

20　Dover, 앞의 책, pp 19~109; M Foucault, *The Use of Pleasure*, Volume Two of *the History of Sexuality*(London, 1986[국역: 《성의 역사 – 제 2권 쾌락의 활용》, 나남, 2004]), pp 204~214.

21　Plato, 앞의 책, p 47; Foucault, 앞의 책, p 193; Bullough, *Sexual Variance in Society and History*, p 103.

22　Dover, 앞의 책, pp 23~28.

23　같은 책, pp 52~59, 81~100.

24　같은 책, pp 60~68, 103~109.

25　같은 책, pp 185~196.

26　Foucault, 앞의 책, p 143.

27　Xenophon, *Oecomomicus*(Loeb Classics, 1923).

28　같은 책, p 441; G E M De Ste Croix, *The Class Struggle in the Ancient Greek World*(London, 1983), pp 140~147, 229~237; M I Finley, *Ancient Slavery and Modern Ideology*(Harmondsworth, 1983), pp 67~92.

29　Bullough, *Sexual Variance in Society and History*, pp 98~99.

30　Dover, 앞의 책, p 31.

31　Bullough, *Sexual Variance in Society and History*, pp 112~113.

32　K Hopkins, *Conquerors and Slaves*(1978).

33　Boswell, 앞의 책, p 78; P Veyne, "Homosexuality in Ancient

Rome", in P Aries and A Bejin(eds), *Western Sexuality: Practice and Precept in Past and Present Time*(Oxford, 1985), pp 27~29.

34 Veyne, 앞의 책, p 31.

35 Dover, 앞의 책, pp 171~184; Boswell, 앞의 책, p 77. 고대에 '레즈비언'이라는 단어는 결코 다른 여성과 성관계를 갖는 여성만을 가리키는 용어로 사용되지 않았다. 다만 이 단어는 일반적으로 성 행동이 자유분방한 여자를 뜻했으므로 큰 틀에서 이런 의미를 포함했을 수는 있다. 레스보스섬의 미틸레네는 아테네와 자주 전쟁을 벌였다. 그래서 아테네인들은 도덕적 방탕함을 뜻하는 말로 '레즈비언'을 사용했다. [관계가 안 좋은 영국과 프랑스가] 방탕함을 뜻하는 말로 각각 '프랑스 매독'과 '영국인의 성도착'을 썼듯이 말이다.

36 베일리와 보즈웰은 앞에 인용한 책에서 바로 이런 태도를 취했다.

37 Bailey, 앞의 책, pp 1~37; M Grant, *The History of Ancient Israel*(London, 1984).

38 Bailey, 앞의 책, pp 37~38; Boswell, 앞의 책, pp 91~117. 로마서 1장 26~27절을 설명하면서 보즈웰은 오늘날의 동성애 '유형'은 고대 작가에서 비롯됐다고 주장하는 함정에 빠지고 말았다.

39 Boswell, 앞의 책, pp 137~166.

40 같은 책, pp 147, 11~15.

41 Foucault, 앞의 책, pp 220~222; Bullough, *Sexual Variance in Society and History*, pp 159~174.

42 Bailey, 앞의 책, pp 67~69.

43 P Anderson, *Passages from Antiquity to Feudalism*(London, 1974[국역: 《고대에서 봉건제로의 이행》, 현실문화, 2014]), pp 82~103.

44   C Wickham, "The Other Transition: From the Ancient World

to Feudalism", *Past and Present* 103(1984), pp 3~36; De Ste Croix, 앞의 책, pp 237~259; Anderson, 앞의 책, pp 128~142.

45 P Brown, *The World of Late Antiquity*(London, 1971).

46 Boswell, 앞의 책, pp 170~180; Bailey, 앞의 책, pp 67~81.

47 Boswell, 앞의 책, pp 183~184.

48 같은 책, pp 202~206.

49 같은 책, pp 187~193; J Leclercq, *Monks and Love in Twelfth-Century France*(Oxford, 1979) 참조.

50 Boswell, 앞의 책, pp 220~226.

51 같은 책, pp 210~216.

52 같은 책, pp 243~268.

53 같은 책, pp 381~392.

54 M Keen, *The Pelican History of Medieval Europe*(1969), pp 84~102; R I Moore, *The Formation of a Persecuting Society: Power and Deviance in Western Europe, 950~1250*(Oxford, 1987); G Duby, *Medieval Marriage: Two Models from Twelfth-century France*(Baltimore, 1978).

55 Boswell, 앞의 책, p 292; H Montgomerry Hyde, *The Other Love*(London, 1970), pp 37~38.

56 M Goodich, *The Unmentionable Vice: Homosexuality in the Later Medieval Period*(Santa Barbara, Ca, 1979), pp 77~88; Boswell, 앞의 책, pp 286~293.

57 Crompton, "The Myth of Lesbian Impunity", in S J Licata and R P Petersen(eds), *The Gay Past: A Collection of Historical Essays*(New York, 1985), pp 16~17; Boswell, 앞의 책, p

293; Goodich, 앞의 책, p 85.

58 J O'Faolain and L Martines, *Not in God's Image: Women in History*(London, 1973), pp 220~221.

59 J Klaits, *Servants of Satan: The Age of the Witch Hunts*(Bloomington, Ind, 1985), pp 48~85; G R Quaife, *Godly Zeal and Furious Rage: The Witch in Early Modern Europe*(London, 1987), pp 97~112; R Muchembled, *La Sorciere au Village*(Paris, 1979), pp 132~137; Lyndal Roper, "Mothers of Debauchery: Procuresses in Reformation Augsburg", *German History* 6(1988), pp 1~19.

60 K Thomas, *Man and the Natural World*(Harmondsworth, 1984), pp 39, 97~98, 118~119, 133~134; Alan Bray, *Homosexuality in Renaissance England*(London, 1982), pp 13~32.

61 E W Monter, "Sodomy and Heresy in Early Modern Switzerland", Licata and Peterson, 앞의 책, pp 47~49; Quaife, 앞의 책, p 46.

62 Monter, 앞의 글, pp 41~55; Crompton, "The Myth of Lesbian Impunity", pp 16~17.

63 C Bingham, "Seventeenth-Century Attitudes Toward Deviant Sex", *Journal of Interdisciplinary History* 1(1970~1971), pp 447~468; G Ruggiero, "Sexual Criminality in Early Renaissance Venice", *Journal of Social History* 8(1974~1975), p 23; B R Burg, "Ho Hum, Another Work of the Devil: Buggery and Sodomy in Early Stuart England", Licata and Petersen, 앞의 책, pp 69~78; A L Rowse, *Homosexuals in History*(London, 1977): 이 책에 언급된 내용은 전혀 출처가 없다.

제프리 윅스는 이 책을 '역사의 위대한 여왕'의 관점이라고 적절하게 묘사했다; G Brucker, *The Society of Early Renaissance Florence*(New York, 1971), pp 201~206; C Bingham, *James VI of Scotland*(London, 1979), p 50~51, 146~147과 *James I of England*(London, 1981), pp 80, 135, 160~161.

64   Bray, 앞의 책, pp 13~80.

65   같은 책, pp 81~114; Trumbach, 앞의 글, pp 15~18.

66   Bray, 앞의 책, pp 113~114; Trumbach, 앞의 글, pp 19.

67   Bray, 앞의 책, pp 81~114; Trumbach, "Sodomitical Subcultures, Sodomitical Roles", in R P Maccubin (ed), *'Tis Nature's Fault: Unauthorized Sexuality during the Enlightenment* (Cambridge, 1987), p 118.

68   C Hill, *The World Turned Upside Down*(Harmondsworth, 1975), p 215; C B Macpherson, *The Political Theory of Possessive Individualism*(Oxford, 1962), pp 137~142.

69   C Hill, *The Century of Revolution*(London, 1961), pp 204~208; C R Dobson, *Masters and Journeymen: A Prehistory of Industrial Relations, 1717~1800*(London, 1980).

70   E Ward, *History of the London Clubs*(1709), I Bloch, *Sexual Life in England*(1965), p 329에서 인용; Crompton, *Byron and Greek, Love: Homophobia in Nineteenth Century England*(London, 1985), pp 51~51.

71   Bloch, *The Phoenix of Sodom*(1813), p 329에서 재인용.

72   Bloch, *Satan's Harvest Home*(1749), pp 330~332에서 인용.

73   A N Gilbert, "Sexual Deviance and Disaster during the Napoleonic Wars", *Albion*, 9(1977), pp 102~109; Crompton,

Byron and Greek, Love: Homophobia in Nineteenth Century England, pp 31~32; Bloch, pp 339~342에서 조리돌림에 대한 신문 기사를 볼 수 있다.

74   Crompton, "Gay Genocide", pp 71~78; A H Huussen, "Sodomy in the Dutch Republic during the Eighteenth Century", in Maccubbin, 앞의 책, pp 169~178.

75   Crompton, *Byron and Greek, Love: Homophobia in Nineteenth Century England*, pp 17~53; D'Emilio, *Sexual Politics, Sexual Communities: The Making of a Homosexual Minority in the United States, 1940~1970*(London, 1983), p 14; M Delon, "The Priest, the Philosopher and Homosexuality in Enlightenment France" in Maccubbin, 앞의 책, pp 122~131; Voltaire, *Dictionnaire Philosophique*(ed J Benda and R Naves, Paris, 1961), pp 18~21. 볼테르는 날씨가 더운 곳에서 이런 문제가 생기는 여러 이유가 있을 것이라고 생각했지만 "알키비아데스가 젊은 시절에 네덜란드 선원이나 모스크바 출신의 소년 행상인과 벌인 혐오스러운 짓은 그의 유일한 약점인 듯하다"고 썼다.

76   Crompton, *Byron and Greek, Love: Homophobia in Nineteenth Century England*, pp 12~19; "Gay Genocide", p 71; E Zaretsky, *Capitalism, the Family and Material Life*(London, 1977), p 85.

77   A N Gilbert, "Buggery and the British Navy", *Journal of Social History* 10(1976~1977), pp 72~98, "Conceptions of Sodomy in Western History", Licata and Peterson, 앞의 책, pp 57~78; "Sexual Deviance", pp 102~109; A D Harvey, "Prosecutions for Sodomy in England at the Beginning of the Nineteenth Century", *Historical Journal* 21(1978), pp 939~948.

78 Gilbert, "Buggery and the British Navy", p 83; Crompton, *Byron and Greek, Love: Homophobia in Nineteenth Century England*, p 19.

79 C Hall, "The Early Formation of Victorian Domestic Ideology", in S Burman(ed), *Fit Work for Women*(London, 1979), p 22.

80 C Hall, "The Home Turned Upside Down? The Working —Class Family in Cotton Textiles, 1780~1850", in E Whitelegg et al.(eds), *The Changing Experience of Women*(Open University, 1982), pp 17~25.

81 F Engels, *The Condition of the Working Class in England*(ed W O Henderson and W H Chaloner, Oxford, 1958)[국역: 《영국 노동자계급의 상태》, 두리미디어, 1988], pp 136, 167, 218(편집자들의 관점이 마르크스주의에 적대적이고 현학적이지만 엥겔스가 사용한 자료들을 자세하게 보여 주고 있기 때문에 유용하다); E Halevy, *England in 1815*(London, 1961 edn), p 263; A V John, *By the Sweat of Their Brow: Women Workers at Victorian Coal Mines*(London, 1980), pp 36~65; G Pearson, *Hooligan: A History of Respectable Fears*(London, 1983), pp 159~160.

82 J Rendall, *The Origins of Modern Feminism*(London, 1985), pp 7~32.

83 A Summers, "A Home from Home: Women's Philanthropic Work in the Nineteenth Century", in Burman, 앞의 책, pp 33~63. 이 글에 사용된 자료는 종교 개혁가들이 중간계급만을 상대로 활동했다는 홀의 주장이 근거없는 것임을 보여 주고 있다.

84 P N Stearns, *Paths to Authority: The Middle Class and the Industrial Labor Force in France, 1820~1848*(Urbana, Ⅲ, 1978), pp 92~93.

85   S Rowbotham, *Women, Resistance and Revolution*(London, 1972), pp 36~58; Rendall, 앞의 책, pp 168~170, 291~295.

86   B Taylor, *Eve and the New Jerusalem, Socialism and Feminism in the Nineteenth Century*(London, 1983), pp 57~216.

87   같은 책, pp 265~275. '자연의 질서'라는 말을 《영국 노동계급의 상태》에서 엥겔스가 했던 말과 비교해 보라. "아내가 남편을 지배하는 것이 … 자연에 어긋나는 것이라면, 과거 남편이 아내를 지배했던 것도 분명 자연에 어긋나는 것이다."

88   J Lewis, *Women in England 1870~1950*(Brighton, 1984), pp 45~74; J Humphries, "Class Struggle and the Persistence of the Working Class Familly", *Cambrige Journal of Economics* 1(1977), pp 241~258.

89   Foucault, *The History of Sexuality, Volume One: An Introduction*(Harmondsworth, 1981)[국역: 《성의 역사 – 제 1권 시직의 의지》, 나남, 2010], p 43; Bullough, *Sex, Society and History*, pp 112~132, 161~185.

90   Weeks, *Coming out*, pp 23~32, 26.

91   H C Kennedy, "The 'Third Sex' Theory of Karl Heinrich Ulrichs", Licata and Petersen, 앞의 책, pp 103~111; E Bernstein and W Herzen, *Bernstein on Homosexuality*(British and Irish Communist Organisation, Belfast, 1977); Weeks, *Coming Out*, pp 33~44.

92   O Chauncey Jr., "Christian Brotherhood or Sexual Perversion? Homosexual Identities and the Construction of Sexual Boundaries in the World War One Era", *Journal of*

Social History 19(1985~1986), pp 189~211. 이 글은 1919년 로드아일랜드 뉴포트의 '성도착'에 대한 미 해군의 공식 조사와 이런 조사에 기초해 현지 목사를 기소하려한 사건을 다루고 있다. 미 해군의 공식 조사에는 당시 성에 대한 일반적 태도가 어땠는지 보여 주는 사례가 많이 포함돼 있다.

93 J R Walkowitz and D J Walkowitz, "'We are not beasts of the field': Prostitution and the Poor in Plymouth and Southampton under the Contagious Diseases Acts", in M Hartman and L W Banner, *Clio's Consciousness Raised: New Perspectives on the History of Women*(New York, 1974), pp 192~225.

94 J R Walkowitz, *Prostitution and Victorian Society. Women, Class and State*(Cambrige, 1980); M P Ryan, "The Power of Women's Networks", in J L Newton, M P Ryan and J R Walkowitz(eds), *Sex and Class in Women's History*(London, 1983), pp 167~186; S Jeffreys, *The Spinster and Her Enemies: Feminism and Sexuality, 1880~1930*(London, 1985), pp 6~85.

95 Hyde, *The Cleveland Street Scandal*(London, 1976), pp 46~50; *Thc Other Love*, p 155.

96 Bernstein & Herzen, 앞의 책, p 29; R Plant, *The Pink Triangle. The Nazi War against Homosexuals*(Edinburgh, 1987), pp 32, 110.

97 Criminal Law Amendment Act 1885 11조

98 Trumbach, 앞의 글, pp 6, 8.

99 Weeks, *Coming Out*, pp 26~27, 128~143; Plant, 앞의 책, pp 31~32.

100 J D Steakley, *The Homosexual Emancipation Movement in*

Germany(Salem, NH, 1982), pp 78~81.

101 R Lautmann, "The Pink Triangle: The Persecution of Homosexual Males in Concentration Camps in Nazi Germany", Licata and Petersen, 앞의 책, pp 141~160; Steakley, 앞의 책, pp 103~121.

102 Plant, 앞의 책, pp 109~117.

103 Offences Against the Person Act 1861 61~63조. [소도미에 대한] 이 조항을 낙태와 폭탄 제조에 대한 처벌 조항 사이에 교묘히 끼워 넣었다!

104 Hyde, *The Cleveland Street Scandal*(London, 1976).

105 R Ellman, *Oscar Wilde*(Harmondsworth, 1988), pp 364, 402; Weeks, "Inverts, Perverts and Mary-Annes: Male Prostitution and the Regulation of Homosexuality in England in the Late Nineteenth and Early Twentieth Centuries", Licata and Petersen, 앞의 책, pp 113~124.

106 Ellman, 앞의 책, pp 435, 449, 536; Hyde, *The Other Love*, p 151.

107 Weeks, *Coming out*, p 14.

108 같은 책, pp 57~83, 95~143.

109 같은 책, pp 158~159; Hyde, *The Other Love*, p 221.

110 Weeks, *Coming out*, pp 156~182.

111 E M Schur, *Crimes Without Victims: Deviant behavior and Public Policy*(Englewood Cliffs, N J, 1965), pp 77~82; Joan Nestle, *A Restricted Country*(London, 1988), pp 37~39.

112 D'Emilio, 앞의 책, pp 17, 50~51.

113 D'Emilio, 앞의 책, pp 40~53; Laud Humphreys, *Out of*

the Closets: The Sociology of Homosexual Liberation (Englewood Cliffs, N J 1972), pp 17~23.

114 T Zeldin, France, 1848~1945: Ambition and Love(Oxford, 1979), pp 313~314; C van Casselaer, Lot's Wife: Lesbian Paris, 1890~1914(Liverpool, 1986), p 13.

115 M McIntosh, "The Homosexual Role", pp 44~45.

116 Weeks, Coming out, p 170.

117 D'Emilio, 앞의 책, p 153.

118 L Faderman, Surpassing the Love of Man: Romantic Friendship and Love between Women from the Renaissance to the Present(London, 1982); Jeffreys, 앞의 책; M Vicinus, Independent Women(London, 1983).

119 Crompton, "Myth of Lesbian Impunity", pp 13~25; B Eriksson, "A Lesbian Execution in Germany, 1721: The Trial Records", Licata and Petersen, 앞의 책, pp 27~40.

120 Faderman, 앞의 책, pp 65~230; N F Cott, "Passionlessness: An Interpretation of Victorian Sexual Ideology", Signs 4(1978), pp 219~236.

121 Faderman, 앞의 책, pp 47~61; Eriksson, 앞의 글.

122 D'Emilio, 앞의 책, pp 99~100; Nestle, 앞의 책, pp 180~184.

123 Nestle, 앞의 책, pp 157~177.

124 같은 책, pp 165~166. 앨리스 웩슬러는 Emma Goldman, An Intimate Life(London, 1984), pp 182~183에서 이런 관계를 약간 다르게 설명한다.

125 Faderman, 앞의 책, pp 357~373; Jean- Pierre Jacques, Les malheurs de Sapho(Paris, 1981); Van Casselaer, Lot's Wife.

126 Hyde, *The Other Love*, pp 176~182; Jeffreys, 앞의 책, pp 113~115. 이 수정안에 반대한 사람들이 협박받아 많은 돈을 뜯기는 여성들을 염려했다는 사실과 20개 침실이 있는 집에 여성 20명이 같이 살면 (순수한 목적에서) 한 방을 쓰는 여성이 언제나 있을 것이라는 주장은 상원에서 벌어진 논쟁의 계급적 성격을 잘 보여 준다. 육군 대령 웨지우드는 하원에서 노동당 의원들이 이 조항의 진정한 의도를 이해하지 못한다고 거만하게 설명했다.

127 Faderman, 앞의 책, pp 239~253; Jeffreys, 앞의 책, pp 128~193; Vicinus, 앞의 책, pp 288~292.

128 S Ruehl, "Inverts and Experts. Radcliffe Hall and the Lesbian Identity", in R Brunt and C Rowan(eds), *Feminism, Culture and Politics*(London, 1982), p 15~36; Faderman, 앞의 책, pp 320~323.

129 Jeffrerys, *The Spinster*, pp 115~121. 레즈비언들에게 어떤 문제가 있었다는 것을 인식하기 위해서 제프리스의 약간 편집증적인 분석을 받아들일 필요는 없다.

130 D'Emilio, 앞의 책, pp 23~39, 92~125; Nestle, 앞의 책, pp 108, 116~117.

131 이 민감한 주제에 대해서는 Plant, *The Pink Triangle*, pp 37~38을 보시오. 동성애자를 혐오하는 자칭 '마르크스주의자'가 이따금씩 나타나 마르크스와 엥겔스의 사적인 발언(오늘날의 마르크스주의자는 아무리 사적인 발언이라 하더라도 이런 태도를 용납하지 않는다)을 '올바른 견해'라고 들먹이기 때문에 이 쟁점을 회피하는 것은 옳지 않다. 이런 쓰레기 같은 주장을 반박하려면 [시대적] 배경 지식이 있어야 한다.

2부
마르크스주의와
동성애자 해방

들어가는 글

사회주의자들은 국가가 사람들의 성을 통제하면 안 된다고
생각한다. 성생활은 개인적인 일이다. 수많은 사람들이 단지
동성을 사랑한다는 이유로 공격받거나 살해된다는 사실은 자
본주의가 얼마나 신물 나는 사회인지를 보여 준다. 또 이런 사
실은 평등하고 자유로운 사회, 즉 성이 법률이나 사회적 편견
에 구애받지 않고 발전할 수 있는 사회주의 사회가 필요함을
분명하게 보여 준다. 사회주의자들은 여성 차별이나 인종차별
적 행위와 마주칠 때와 마찬가지로, 동성애 혐오 행위에 직면
할 때마다 그에 맞서 싸운다. 사회주의 정치는 사람들이 동성
애자 억압을 인식하고 그 억압이 부당하다고 생각하게 할 뿐
아니라 그 억압의 사회적 뿌리와 맞설 수 있는 주장과 조직을

제공한다.

세계 어디에서든 자본가들은 '분열 지배' 전술을 사용해 사람들을 백인과 흑인, 남성과 여성, 동성애자와 이성애자로 나눈다. 사회주의자들은 노동계급이 단결해야 한다고 주장한다. 경찰이 동성애자를 괴롭히고 동성애자 클럽을 습격하는 것은 이성애자에게 도움이 되지 않는다. [경찰의 이런 행동을 묵과한다면] 경찰은 레이브 파티나* 흑인 클럽 등 자신의 마음에 들지 않는 곳을 더 쉽게 공격할 것이다. 이성애자 노동자가 동성애자 동료의 해고에 항의하지 않고 지켜보는 것은 이성애자 노동자에게 도움이 되지 않는다. 침묵하는 노동자를 보며 자신감을 얻은 사장은 이성애자 노동자를 해고할 수도 있다. 사회주의자들은 이성애자 노동자들에게 동성애 혐오 사상을 거부해야 한다고 주장한다. 그러나 그 이유는 이성애자 노동자가 더 도덕적이고 관대해서가 아니라 동성애자 억압에 반대하는 투쟁이 노동계급을 단결시키고 자본가에 맞서 승리할 수 있도록 돕기 때문이다(이런 승리는 성적 지향과 상관없이 모든 노동자에게 이익이 된다).

동성애자들은 권리를 얻기 위해 투쟁해 왔다. 스톤월 항쟁 이후 동성애자들은 모든 형태의 동성애자 억압을 없애기 위해

---

* 여러 사람이 빠르고 현란한 음악에 맞춰 함께 춤을 추면서 벌이는 파티.

세계 곳곳에서 반反동성애법과 괴롭힘에 맞서 싸웠다.

1969년 뉴욕에서 동성애자 2000여 명이 자신의 권리를 위해 처음으로 거리에 나섰고 이것이 현대 동성애자 운동의 탄생을 알리는 스톤월 항쟁이다. 그로부터 10년 후인 1979년 5월 동성애자 정치인 하비 밀크를 죽인 살인범이 겨우 징역 5년을 선고받자 동성애자들은 다시 거리로 나와 저항했다. 샌프란시스코에서는 동성애자 수천 명이 시청을 공격하고 경찰차를 불태우면서 폭동을 일으켰다. 1988년 영국에서는 보수당이 동성애자 권리를 공격하는 28조를 밀어붙이자 이에 항의하며 동성애자 수만 명이 거리 행진을 벌였다. 1994년에는 런던 자긍심 행진에 20만 명이 넘게 참여했다. 1993년 4월 워싱턴에서는 수백만 명이 정부에 동성애자의 권리를 보장하라고 요구하며 거리 행진을 벌였다.

동성애자들은 동성애자 해방을 위해 다른 투쟁을 지지해야 한다는 것을 흔히 깨닫는다. 1969년에 만들어진 현대의 첫 동성애자 조직인 동성애자해방전선GLF은 당시 베트남전쟁에서 미국과 싸우던 베트남민족해방전선에서 이름을 따왔다. 영국에서는 1984~1985년 광원 파업 때 동성애자들이 파업을 후원하기 위해 수천 파운드를 모금했다.

동성애자들이 다른 투쟁을 지지했듯이 다른 집단도 동성애자 해방을 위한 투쟁에 연대해 왔다. 1970년대 초 미국의 급진적 흑인 운동 단체 흑표범당의 지도자 휴이 뉴턴은 조직원들에게 동성애자 해방운동에 협력하고 자신들의 활동에도 동성애자들을 포함시켜야 한다고 주장했다. 1994년 영국의 공공부문노동조합UNISON은 자긍심 행진을 후원했다.

워싱턴에서 벌어진 대규모 시위나 미국과 영국에서 열리는 자긍심 행진에 수많은 사람들이 참가하고 있다는 것은 오늘날 동성애자 억압에 맞서 거대하고 전투적인 투쟁을 건설할 수 있는 가능성을 보여 준다.

동성애자는 왜 공격받는가?

정치인·재판관·경찰·언론은 합심해서 반동성애법을 만들고, 동성애자를 혐오하고 불신하는 사회적 분위기를 조장한다. 이들은 동성애자에 대한 경멸을 거듭 드러낸다.

1994년 2월 [영국] 보수당 의원뿐 아니라 여러 노동당 의원도 동성애자의 성관계 동의연령을 이성애자와 똑같이 18세로 낮추는 법안에 반대표를 던졌다. 법안이 부결되자 동성애자와 이성애자 수천 명이 항의 시위를 벌였다. 법안이 부결됐기 때문에 16세나 17세의 동성애자들이 성행위를 하다 발각되면 최대 징역 2년을 선고받는다. 당시 내무부 장관이던 보수당의 페러즈는 상원에서 기존 법이 동성애자를 차별하는 것이지만 그것은 "매우 정당하다"고 말했다. 게이가 공공장소에서 입맞춤하는 것도 불법이다. 1988년 4월 두 남성이 런던 거리에서 입 맞춤했다는 이유로 40파운드씩 벌금을 물었다. 매년 남성 수천 명이 '호객 행위'(말을 걸었다는 이유다)나 '알선 행위'(예를 들어 두 남성이 성행위를 할 수 있도록 집을 내주는 것) 등의 죄목으로 기소된다.

여성 간 성행위는 완전히 합법이지만 레즈비언은 법적 차별을 받는다. 1989년 법원은 한 여성이 이혼하고 8년 동안 자신의 아들과 함께 살았는데도 그 여성이 레즈비언이라는 이유로 9세 아들의 양육권을 박탈했다.

1988년 지방정부법 28조는 지방정부가 동성애를 정상적이고 자연스러운 것으로 여기지 못 하게 했다. 1993년 5월 보건부 장관 버지니아 보텀리는 에이즈 기구 두 곳에 대한 정부 지원을 25만 파운드 넘게 삭감했다. 이성애자에게는 끔찍한 HIV 바이러스가 발견되지 않았다는 이유에서였다. 보수당은 동성애자와 마약 중독자만 에이즈에 감염되며 이들의 삶은 전혀 중요하지 않다고 여겼다.

동성 커플의 관계가 아무리 오래 지속된다 해도 이들의 법적 지위는 보장되지 않는다. 예를 들어 동성애자 커플은 [가족으로 인정받지 못하기 때문에] 애인의 재산을 상속받거나, 애인이 아프거나 죽었을 때 특별 휴가를 받거나, 애인이 감옥이나 병원에 있을 때 면회할 권리가 자동으로 보장되지 않는다. 대다수 학교는 성교육 시간이나 정규 교육과정에서 동성애를 다루지 않는다.

경찰은 동성애자들을 체계적으로 괴롭힌다. 1994년 4월 영국 맨체스터에서는 경찰 40여 명이 게이 클럽을 급습해 13명을 체포했고 그 중 8명이 이른바 '추잡한 외설 행위' 혐의로 경고를 받았다. 경찰은 공중화장실도 숱하게 감시한다. 1993년 12월 와이트 섬의 뉴포트에서 풍속사범 단속반은 화장실 천장에 몰래 구멍을 뚫어 이틀 동안 사람들을 감시했다. 런던 경찰의 한 간부는 경찰의 이런 작전을 "호모와 재미 좀 보는" 것이라고 묘사했다.

언론도 신나게 동성애자들을 공격한다. 가장 악명 높은 예는 1994년 해크니 지역의 레즈비언 교장 제인 브라운을 공격한 사건이다. 브라운이 발레 〈로미오와 줄리엣〉의 학생용 무료 입장권을 거절하자* 모든 신문이 달려들어 그녀를 비난했다. 〈선〉은 [〈로미오와 줄리엣〉에 나오는 대사를 패러디해] '로미오, 로미오, 호모는 어디에 있나요?'라는 제목을 달아 이 사건을 1면

---

* 한 자선단체가 제인 브라운이 교장으로 있는 학교에 입장권을 기증했는데, 브라운은 공연 관람을 가려면 교통비가 든다는 것과 전체 학생이 아니라 일부 학생만 선별해 공연을 관람하는 것은 학교 방침에 어긋난다는 것을 이유로 이를 거절했다. 그런데 언론은 로미오와 줄리엣이 이성애만 다뤄서 브라운이 거절했다는 식으로 왜곡 보도했다.

에 보도했다. 〈선〉의 칼럼니스트 리처드 리틀존은 브라운을 '마르고 신경질적으로 생긴 레즈비언'이라고 인신공격하며 그녀를 즉시 해고해야 한다고 주장했다. 그러나 학부모들은 그동안 브라운이 이뤄 낸 성과들을 신뢰하며 브라운을 지지했고, 이 때문에 구청장은 브라운을 해고하지 못했다. 언론은 물론이고 부끄럽게도 노동당이 주도하는 해크니구의회도 브라운을 해고하라고 요구했지만 말이다.

1994년의 성관계 동의연령법은 동성애자, 특히 게이가 성적 지향을 확신하지 못하는 젊은이들을 유혹하고 돌아다닌다는 편견에 기초하고 있었다. 내무부 장관 마이클 하워드는 "미성숙한 젊은이들이 나중에 후회할 행동을 하지 않도록 보호해야 한다"고 주장했다. 보수당의 우파적 국회의원 올가 메이틀랜드는 게이가 아이를 입양하는 것은 "도덕적으로 매우 위험하고 입양된 아이는 성적 학대를 당할 것이 확실하다"고 주장했다. 이것은 말도 안 된다. 여러 연구 결과는 성적 학대가 압도적으로 이성애자 가정에서 일어나며, 특히 아버지가 어린 딸에게 자행하는 경우가 대부분이라는 사실을 거듭거듭 보여 준다. 아이들은 동성애자보다는 이성애자에게 성적 학대를 받을 가능성이 훨씬 더 높다. 레즈비언과 게이는 아이가 아니라 각각 성인 여성과 남성에게 매력을 느낀다.

동성애자는 직장에서도 차별받는다. 1988년 브래드퍼드의 한 게이 교사는 게이에 대한 학생의 질문에 대답했다는 이유로 해고당했다. 그는 그 지역의 사회주의자들이 주도한 운동 덕분에 복직됐다. 동성애자 군인은 자신의 성적 지향을 공개하면 불명예 퇴역당한다. 스톤월그룹의* 조사에 따르면 동성애자의 8퍼센트가 성적 지향을 이유로 해고당한 적이 있다. 기독교, 유대교, 이슬람교 할 것 없이 종교 지도자들은 동성애를 '비도덕적'이라고 비난한다. 보건부 장관 버지니아 보텀리는 게이 부부의 입양을 금지해야 한다고 주장했다.

이 모든 것들이 합쳐져 동성애자를 적대하는 분위기가 조성되고, 그 중 일부는 더 나아가 편견에서 비롯한 혐오를 끝까지 밀어붙여 동성애자를 폭행하고 심지어 살해한다. 1989년 게이런던감시그룹Galop이 진행한 설문에서 게이의 40퍼센트와 레즈비언의 25퍼센트가 최근에 폭행당한 적이 있다고 답했다. 1994년 여름 《게이 타임스》에 발표된 한 연구 조사에 따르면 1986년 이후 [10년도 안 되는 기간에] 영국에서 살해된 게이가 155명이나 됐다.

동성애자를 죽인 살인범에 대한 법정 판결은 법률 체계에 담겨 있는 동성애 혐오를 적나라하게 보여 준다. 예를 들어,

---

* 지방자치법 28조에 반대하는 활동을 하며 1989년에 건설된 동성애자 단체다.

1990년 이언 스넬링은 피터 소프라는 게이를 살해하는 데 가담한 죄로 겨우 집행유예 12개월을 선고받았을 뿐이다. 판사는 그가 한 짓을 "용서할 수는 없지만 이해할 만하다"고 말했다. 1986년에 프레더릭 킹은 디 오라일리가 레즈비언이라고 밝히자 오라일리를 그녀의 집에서 죽였다. 판사는 "내가 내릴 수 있는 최저 형량"이라며 징역 7년을 선고했다.

유럽 곳곳에서 파시스트 정당에 대한 지지가 늘어나면서 동성애자는 더 큰 위협에 처하게 됐다. 히틀러의 나치당은 동성애자 수만 명을 죽였고 현대의 나치도 그렇게 하기를 원한다. 이탈리아의 파시스트 국회의원 피에로 부스카롤리는 "동성애는 삶을 파괴한다. 내게 맡긴다면 그들을 모두 강제수용소에 처넣을 것"이라고 공언했다. 프랑스의 파시스트 지도자 장 마리 르펜은* 동성애를 '퇴폐적인 성도착증'이라고 비난했다. 스웨덴의 파시스트들은 스톡홀름에 있는 동성애자 전문 서점에 폭탄을 던졌다. 영국의 나치당 국민전선은 기관지 〈깃발〉에서 "변태를 변태 취급하고 대중이 그들을 결코 용납하지 않던 시절, 즉 누군가가 쿠엔틴 크리스프처럼** 행세하면 욕지거리는 기본이고 폭행도 가하던 시절"로 되돌아가기를 바란다고 주장했다.

---

* 프랑스 파시스트 정당 국민전선의 현 대표인 마린 르펜의 아버지다.

** 영국의 게이 작가로서 여성스런 복장을 하고 다닌 것으로 유명하다.

우리는 동성애자에 대한 공격을 끝장낼 수 있다. 그러려면 편견을 조장하는 자들의 거짓을 폭로하고 게이, 레즈비언, 이성애자를 단결시키는 강력한 조직을 건설해 동성애자 억압을 완전히 끝장내기 위한 투쟁에 나서야 한다.

편견과 사실

'동성애자가 에이즈를 퍼뜨린다'

1992년 말 현재 세계 1300여 만 명이 에이즈를 일으키는 바이러스 HIV에 감염됐다. 이 중 동성애자는 소수다. HIV에 감염된 압도 다수는 가난 때문에 처참한 조건에 놓인 이성애자들이다. 케냐에서는 인구 18명 중 한 명꼴인 4만 명이 에이즈에 감염됐다. 짐바브웨에서는 성생활이 가능한 5명 가운데 1명이 에이즈에 걸렸다. 우간다의 수도 캄팔라에서는 젊은 여성의 4분의 1이 HIV 보균자다. 이들 중 절대다수가 남녀 사이의 성행위로 감염됐다. 나머지 사람들은 종합병원이나 전문 병원에서 다른 환자에게 사용된 주사 바늘을 통해 HIV에 걸렸다. 많은 아프리카 나라는 막대한 부채에 시달리고 있기 때문에 그 지역의 대다수 사람들은 에이즈의 확산을 막을 수 있는 콘돔과 깨끗한 주사 바늘을 제공받지 못한다. 우간다의 부채는 35억 달러이고 케냐의 부채는 총 70억 달러에 달한다. 잠비아와 탄자니아의 부채는 그 나라 연간 총소득의 두 배가 넘는다. 서구 은행이 '제3세계' 나라에 원조하는 돈보다 부채 상환으로 가져가는 돈이 더 많다. 세계의 많은 곳에서는 콘돔과 깨끗한 주사 바늘을 살 몇 푼조차 없다.

미국과 서유럽의 많은 곳에서는 대다수 에이즈 환자가 게이인 것은 사실이다(레즈비언의 감염률은 매우 낮다). 그렇지만 HIV에 감염된 이성애자 수도 계속 늘어나고 있다. 최근 영국에서 HIV 보유자로 새롭게 진단 받은 3명 중 1명은 이성애자다.

게이 단체들은 에이즈의 확산을 막기 위한 투쟁에 앞장서 왔다. 1980년대 초에 유급 상근자 9명과 자원봉사자 500명으로 이뤄진 게이건강위기극복재단GMHC이 뉴욕에서 결성돼 400명의 치료를 도왔다. 게이건강위기극복재단은 상담 전화를 운영해 에이즈에 대한 정보를 구하는 사람들의 전화를 매주 1500회 이상 받았다. 의사와 간호사를 위한 강연을 매달 20차례 열었다. 새로운 상담원도 매달 50명씩 훈련시켰다. 책 200만 권을 세계 곳곳으로 보내기도 했다. 반면, 뉴욕 시는 1983년에 에이즈에 겨우 2만 4500달러를 지출했다(감염 진단자당 25달러 꼴이다). 게이건강위기극복재단은 자선 공연과 기부금으로 그 20배 이상 모았다.

뉴욕 시의 이런 태도는 연방 정부를 그대로 본받은 것이었다. 미국 정부가 에이즈 확산 초기에 총력을 기울였다면 싹을 잘라버릴 수 있었을 것이다. 그러나 1987년에 대통령 레이건은 미국인 2만 849명이 에이즈로 죽자 그제서야 에이즈를 처음으로 언급했다. 레이건은 동성애자들이 에이즈의 주된 희생자이자 그에 맞선 중요한 투사였음은 전혀 언급하지 않았다. 미국 헌혈 기구는 에이즈를 무시해 버렸다. 그들은 에이즈가 혈액을 통해 전염될 수 있다는 것을 알고도 3년이나 지난 1985년 4월에야 비로소 HIV 감염 여부를 확인하는 혈액검사를 시작했다. 이런 뒤늦은 대응 때문에 수혈로 에이즈에 감염될 확률은 500 분의 1로 늘어났다. 한국전쟁과 베트남전쟁에서 사망한 미국인 수를 합친 것보다 에이즈로 사망한 미국인이 더 많았는데도 미국 정부는 안전한 성생활을 위한 활동을 시작하지 않았다.

영국 정부도 마찬가지였다. 혈우병 환자들은 피를 응고시키는 혈액응고인자를* 주사받아야 하는데, 1983년에 미국에서 HIV 바이러스에 감염된 혈액응고인자가 수입되자 영국의 혈

---

* 사람의 혈액에서 추출하기 때문에 감염 통로가 될 수 있다.

우병 환자들은 안전장치를 요구했다. 영국 정부는 혈우병 환자 수천 명이 HIV에 감염된 1985년 말이 돼서야 비로소 수입 혈액응고인자를 열처리 살균했다. 보수당은 에이즈에 진지하게 대응하지 않은 것도 모자라 자발적 노력마저도 방해했다. 예를 들어, 1994년 봄에 보건교육청은 한 성교육 소책자를 폐기했는데, 그 이유는 그 책이 너무 노골적으로 에이즈를 설명하고 에이즈에 걸리지 않는 방법을 알렸기 때문이었다.

한편 황색 언론들은 에이즈가 '게이 돌림병'이기 때문에 이성애자는 면역성을 가지고 있다는 거짓말을 퍼뜨렸다. 그 결과, 한 조사에 따르면 젊은 미혼 남성(대부분 이성애자)의 3분의 1이 안전하지 않은 성생활을 하고 있는 것으로 드러났고, HIV 바이러스의 확산 가능성은 높아지고 있었다.

'동성애자의 성교는 부자연스럽다'

편견을 조장하는 자들은 동성 간 성교를 통해 아이를 낳을 수 없기 때문에, 즉 생식이 아니라 즐거움을 위한 성교이기 때문에 부자연스럽다고 말한다. 그렇다면 자연스러운 것은 도대체 무엇인가? 음식을 조리해 먹고 옷을 만들어 입는 것도 '자연스럽지' 않고, 텔레비전을 보거나 조명 기구를 사용하는 것도 '자연스럽지' 않다. 피임을 하는 것도 '자연스럽지' 않다. 그렇지만 대다수 이성애자들에게 안심할 수 있는 피임은 성적 즐거움을 위해 필수적이다. 즐거움을 위한 성교가 자연스럽지 않다면, 세계 인구의 절대다수를 차지하는 피임을 하는 사람들도 자연스럽지 않다. 따라서 동성애자의 성교가 부자연스럽다는 말은 분명 잘못됐다. 즐거움을 위한 성교도 생식을 위한 성교처럼 '자연스럽고' 정당하다. 오늘날의 사회에서 특정 사회 질서를 강요하는 데 이해관계가 있는 지배자들만이 동성애자의 성교를 부자연스러운 것으로 본다.

인류 역사상 여러 형태의 사회가 있었지만 오늘날처럼 동성애를 억압한 사회는 없었다. 고대 그리스·로마, 원주민 시절의 아메리카, 중세 일본과 페르시아, 미국 개척기 등 많은 사회에서 동성 간 성적 행위에 대한 기록을 찾을 수 있다. 오늘날 동성애자는 모든 나라에 존재한다. 많은 유명인들이 동성 애인이 있었다. 로마황제 율리우스 카이사르, 소설가 샬럿 브론테, 블루스 가수 베시 스미스, 영화배우 제임스 딘과 그레타 가르보 등이 그랬다. 연구자들은 심지어 [1689년 왕위에 오른] 오렌지 공 윌리엄과 악의적으로 동성애에 대한 편견을 조장했던 왕당파 우두머리[이자 북아일랜드 초대 총리] 이언 페이즐리도 동성 애인이 있었음을 밝혀냈다.

인간의 성은 매우 다양하고 복잡해서 지배자들이 원하는

대로 '동성애자'와 '이성애자'라는 두 범주로 깔끔하게 나뉘지 않는다. 다시 말해, 인간은 동성하고만 성관계하는 동성애자와 이성하고만 성관계하는 이성애자로 나뉘지 않는다. 1940년대와 1950년대에 미국에서 실시된 설문에 따르면 남성 3명 중최소 1명, 여성 8명 중 1명이 동성과 성관계를 한 적이 있다. 1980년대의 한 보고서도 미국 남성의 5명 중 1명, 프랑스 남성의 4명 중 1명이 다른 남성과 성적 경험을 했다고 기록했다. 이성애자와 동성애자 사이의 경계가 희미하다는 것을 보여 주는 연구는 더 많다.

동성애자냐 이성애자냐 하는 것은 어떤 상대와 성관계를 했느냐의 문제가 아니라 삶 전체의 문제다. 예를 들어, '코티징'(공중화장실에서 성관계 상대를 찾는 것)을 하는 남성 중 많은 수가 기혼자다. 그렇다면 이 남성들은 게이인가? 그 남성이 아내와 아이와 함께 산다면 어떻게 되는가? 모든 사람이 그 남성을 이성애자로 생각한다면? 더 나아가 그가 자신을 이성애자로 생각한다면? 어떤 여성이 남편을 떠나 헤어져 다른 여성과 산다면 어떤가? 그 여성은 원래 레즈비언이었을까? 전에는 한 번도 여성에게 끌리지 않았는데도? 사람들이 단순히 동성애자와 이성애자로 나뉜다는 생각은 너무 지나친 단순화다.

이런 구분은 매우 최근에 생긴 현상이다. 120년 전 영국에서는 지금과 달리 동성애자와 이성애자를 구분하지 않았다.

인류 역사를 통틀어도 동성애나 이성애 같은 분류법은 없었다. 즉, 남자나 여자와 성교하기를 좋아한다는 이유로 어떤 사람을 이런저런 유형으로 구분하지 않았다.

'동성애는 유전자에 새겨져 있다'

인간이 지닌 성적 욕망과 그것을 드러내는 방식은 시간이 지나고 사회가 바뀌면서 여러 가지로 나타난다. 그렇지만 일부 사람들(동성애자도 포함된다)은 동성애자인지 이성애자인지가 피부 색깔이나 머리 색깔처럼 생물학적으로 결정된다고 믿는다. 어떤 동성애자는 자신이 어릴 때부터 동성애자였다는 것을 근거로 성적 지향은 타고나는 것이라고 주장한다. 이런 주장은 유용할 수도 있다. 동성애자는 이런 주장에서 자신감을 얻어 자신이 이성애자만큼 자연스럽다고 말할 수도 있고 이성애자는 동성애자의 권리를 더 쉽게 옹호할 수도 있을 것이다. 그렇지만 이런 주장은 대단히 위험천만한 방어 논리다.

일부 사람들은 최근의 유전학 연구를 이용해 동성애 유전자의 위치를 찾을 수 있다면 유전공학으로 게이와 레즈비언이 더는 태어나지 않게 할 수 있다고 주장한다. 과거에도 몇몇 학자들은 동성애자가 되는 원인이 뇌 속에 있는 무언가 때문이라면 뇌 수술로 동성애자를 이성애자로 만들 수 있다고 주장했다. 그래서 1960년대와 1970년대에 서독의 외과 의사들은 게이 28명을 이성애자로 만들겠다며 뇌를 수술했다. 그 결과는 말할 것도 없이 실패였다.

사이먼 르베이를 포함한 일부 게이 과학자도 동성애자와 이성애자의 뇌는 다르다며 앞선 주장을 지지했다. 이 과학자들은 여성이나 흑인으로 태어나는 것이 선택의 문제가 아니듯이 게이가 되는 것도 선택할 수 있는 게 아니라는 식으로 동성애자를 옹호하려 했다. 이들의 논리는 동성애자가 되는 원인이 생물학적인 것이고 이것은 선택의 여지가 없으므로 동성애자의 잘못은 없다는 것이다. 이런 접근 방식에는 많은 문제가 있다. 첫째, 과학적 증명이 불가능하다. 앞서 말했듯이 이것은 오히려 반동적 사상을 강화하는 엉뚱한 결과를 낳을 수 있다. 더 근본적 문제는 동성애자가 흑인이나 여성처럼 생물학적으로 결정된다는 사실을 입증할 수 있다 해도 동성애자 억압이 사라지지 않는다는 것이다. 여성과 흑인은 생물학적으로 결정됐지만 자본주의에서 여전히 끔찍한 차별을 겪는다.

개인의 성은 사회적 압력과 개인적 발전 사이의 복잡한 상호관계를 거쳐 형성된다. 그러나 사회는 동성애자와 이성애자라는 단지 두 범주만을 제시하며 우리의 성적 발달을 여기에 끼워 맞추라고 요구한다. 우리의 선택권은 매우 제한돼 있다.

그래서 다른 방식의 육체적·정신적 관계를 시도할 기회가 없고, 어떻게 살아갈 것인지 생각하거나 말할 기회도 사실상 없다. 인간의 다양하고 복잡한 성은 사라지고 양자택일해야 하는 상황에 놓인다. [억지로 사람들을 이분법적으로 구분하다 보니] 동성애자와 이성애자 사이의 경계가 희미한 것도, 많은 사람들이 이런저런 범주로 딱 맞아떨어지지 않는 것도, 사람들이 동성애자에서 이성애자로 바뀌거나 그 반대도 결코 놀라운 일이 아니다.

자본주의가 체제를 유지하고 사회적[즉, 자본주의적] 가치를 유포하는 데 가족은 매우 중요한 구실을 한다. 새로운 세대는 남성과 여성에 걸맞다고 여겨지는 행동을 대부분 가족생활에서 배운다. 그러므로 동성애자 억압에 맞서 싸우려면 오늘날의 가족이 어떻게, 그리고 왜 지금 같은 모습으로 발전했는지 이해할 필요가 있다.

가족과 동성애자 억압의 기원

우리는 가족 중심의 사회에 살고 있다. 화장지에서 생선 튀김까지 모든 광고에는 엄마, 아빠, 아이로 이뤄진 행복한 가족이 등장한다. 위선적인 보수당 정치인들은 가족이 일생동안 따라야 할 모범이자 표준이라고 주장한다. 그러나 절반이 안 되는 41퍼센트만이 부모가 아이를 기르는 이른바 '정상' 가족으로 산다. 13퍼센트 이상은 가족 없이 혼자 살거나 다른 성인과 함께 산다. 나머지 46퍼센트의 사람들은 한부모 가족이거나, 둘 이상의 가족이 한 가구를 이루거나, 아이들이 다 컸거나 없는 부부다.

가족 구성은 가지각색이고 역사적으로 엄청난 변화를 거쳤다. 영국에서 지난 30년 동안 전통적 가족으로 사는 사람은

20퍼센트 이상 감소했다. 1970년대 초 이후 지금까지 혼자 사는 사람은 50퍼센트 이상 늘었고 한부모 가족은 두 배 이상 늘었다.

역사의 흐름에 따라 일어난 가족의 변화는 19세기에 처음으로 연구됐다. 뛰어난 마르크스주의자 프리드리히 엥겔스는 1800년대 후반에 《가족, 사유재산, 국가의 기원》을 쓰면서 당시의 연구를 활용했다. 엥겔스는 불과 수천 년 전에 평등한 사회가 계급으로 분화됐고 이때부터 인류가 가족을 이뤄 살기 시작했다고 주장했다. 사회가 계급으로 나뉘기 전에는 여성 억압이 없었는데, 이것은 여성의 삶에서 양육이 중심이 아니었기 때문이다. 엥겔스는 사회의 경제구조가 변화하면서 여성과 결혼에 대한 태도가 바뀌었고 그 결과 성에 대한 태도도 변화했음을 보여 줬다.

엥겔스는 부의 불평등과 계급이 존재하지 않는 사회주의 사회에서는 여성 차별과 성 억압이 사라질 것이라 주장했다. 100년도 더 전에 쓰인 엥겔스의 이 책은 오늘날의 수많은 책보다 훨씬 진보적이다. 이 책은 오늘날 동성애자 억압에 맞서 싸우려는 사람이 가장 먼저 읽어야 할 필독서다. 영국에서 지난 수백 년 동안 벌어진 가족과 성의 변화를 간단히 살펴보면 엥겔스의 통찰이 지금도 얼마나 유효한지 알 수 있다.

봉건제 — 생산의 중심으로서의 가족

자본주의가 발전하기 전 영국은 봉건사회였다. 사람들은 결혼한 부부를 중심으로 가족을 이루고 일도 했다. 옷과 맥주를 비롯해 모든 생필품을 집 안에서 가족들이 만들었다. 남성과 여성이 서로 다른 기술을 갖고 있었기 때문에 (여성은 출산 때문에 제약이 있긴 했지만) 둘 모두 가정에 필수적이었다. 그래서 남편이나 아내가 죽으면 남은 사람은 굶어죽지 않기 위해서라도 재혼해야 했다.

가족이 경제적 생산의 중심이었다는 사실은 결혼이 사랑의 결실이었다기보다는 경제적 관계였음을 뜻했다. 이 점은 결혼을 통해 토지를 상속받았던 귀족과 부농에게도 마찬가지였다. 심지어 가난한 농부가 결혼할 때도 관습에 따라 배우자 선택권은 공동체 전체에 있었다.

높은 사망률 때문에 부부가 오랫동안 같이 사는 경우가 드물었다. 결혼 15주년이 되기 전에 대략 3분의 1의 부부가 배우자의 죽음을 맞이했다. 특히 여성은 흔히 출산하다가 죽었다. 영아 사망률도 높아서 영아의 4분의 1이 첫돌을 맞기 전에 죽었다.

결혼과 가정에서 개인적 애정보다 경제적 생산이 중요했기 때문에 성교의 목적은 즐거움보다는 임신이었다. 중세 교회와 국가는 모든 사람이 이런 방식을 따라야 한다고 설교했고, 재생산을 목적으로 하지 않는 모든 성행위에 반대했다. 이런 행위를 하는 사람은 '소도미'죄를 짓는 것이었다. 소도미죄에는 동성 간 성교뿐 아니라 남성과 여성 사이의 구강성교나 항문성교, 동물과의 성교도 포함됐다. 자위행위와 남성 상위가 아닌 체위의 성행위도 비난받았다. 교회는 남성 상위 체위가 임신 가능성을 높여 준다고 주장했다. '소도미'에 대한 처벌은 악랄했다.

허용할 수 있는 성행위와 그렇지 못한 성행위 사이의 구분은 기본적으로 성행위 자체가 아니라 성행위가 임신으로 이어질 수 있는지에 달려 있었다. 그렇기 때문에 봉건제에서는 [별도의] 동성애자 억압이 존재하지 않았다. '소도미'는 다른 죄와 마찬가지로 단지 소수 동성애자만이 아니라 어느 누구라도 저지를 수 있는 죄였기 때문이다.

자본주의의 등장 — 산산조각 난 가족

17~18세기 낡은 봉건 질서가 자본주의로 대체되면서 사회는 거대한 변화를 겪었다. 수많은 남녀가 오랜 삶의 터전인 농촌에서 쫓겨나 새로운 도시로 향했고 일자리를 찾아 거리를

헤맸다. 이런 상황 때문에 옛 가정 구조는 산산조각 났다. 인간관계는 오래 유지될 수 없었다. 결혼하지 않는 남녀가 늘어났고 사생아가 더 많아졌다.

18세기 초에 남자들끼리 성관계를 갖는 몰리하우스가 등장했다. 이런 곳은 런던에만 수십 개가 있었다. 그러나 순식간에 잔혹한 공격을 받았다. 그곳을 드나들던 사람들이 저항했지만 1725~1726년에 20여 개의 몰리하우스가 습격받아 문을 닫았고 3명이 교수형을 당했다.

새로 나타난 자본주의 체제의 선구적 지식인들은 성에 대한 새로운 사상을 주장했다. 그들은 교회만이 옳고 그름을 정할 수 있다는 사상을 거부하고 세계를 이성적으로 설명하기 시작했다. 또 재생산으로 이어지지 않는 성행위가 비도덕적이라는 견해에 반대했다. 철학자 제러미 벤담은 동성 간 성관계를 "처벌할 어떤 이유도 없다"고 주장했다. 1791년의 혁명 프랑스 형법은 동성간 성적 행위를 처벌하지 않았다. 1820년대와 1830년대의 초기 사회주의 운동은 이런 사상을 더 한층 발전시켰다. 그래서 아내를 남편의 재산('출산 기계이자 가사 노예') 취급하는 결혼을 비난했고, 간단하고 쉽게 이혼할 수 있어야 한다고 요구했다. 이들은 오로지 사랑을 전제로 결혼해야 하고 사랑이 끝나면 결혼도 끝나야 한다고 주장했다. 그러나 영국에서 나타난 자본주의 발전의 다음 단계인 산업화의 공포 때문에 이런 생각은 실행되지 못했다.

산업화 — 가족 재건

18세기 말과 19세기 초 영국에서는 농촌 사회가 공업 사회로 바뀌면서 시골이 도시로 변했다. 신도시의 상황은 형편없었다. 엥겔스는 1845년에 출판된 《영국 노동계급의 상태》에서 한 노동계급의 집을 다음과 같이 묘사했다.

지하방에는 흙으로 때워 놓은 구멍을 통해 물이 계속 흘러들어 오고 있었다. 방은 강 수면보다 낮았고 이 곳에 사는 베틀 직공은 매일 아침 방바닥에 고인 물을 길바닥으로 퍼내야 했다!

도시에는 하수 시설이 없었고 전염병이 만연했다. 식품에 불순물이 섞여 있었고 공기와 물은 끔찍할 정도로 오염됐다. 임금이 낮았기 때문에 남성, 여성, 어린이할 것 없이 모두 이런 조건에서 장시간 혹독하게 일해야 했다. 맨체스터 공장에서는 노동시간이 아침 5시 30분에 시작해서 밤 8시에 끝나는 일이 매우 흔했다. 어린 아이와 여성의 임금이 낮았기 때문에 공장 소유주들은 일부러 이들을 고용했다. 먹고살아야 했기 때문에 임신한 여성도 버틸 수 있을 때까지 일했고 출산한 뒤에는 최대한 빨리 일터로 복귀했다.

그 결과 1843년에 출간된 한 연구 보고서에 따르면 농촌 지역인 러틀랜드에서 사는 중간계급 남성의 평균 수명은 52세였지만, 맨체스터 노동계급 남성의 평균 수명은 17세이고, 베스널그린과 리버풀은 각각 16세와 15세였다. 당시 장기적 안목을 지닌 자본가계급은 이런 현실을 걱정했다. 그들은 공장에서 노동자들이 채 몇 년도 일하지 못하고 죽어 나가면 자신의 이윤도 위협받는다는 사실을 깨달았다. 노동자들의 생활 조건을 일정 수준으로 향상시키기 위한 비용을 지불하는 것이 장기적 관점에서 보면 지배계급에게도 경제적으로 이익이었다. 이런 생각은 점차 퍼져나가 1900년에는 불충분하나마 식생활과 주거 환경 개선, 하수도 건설, 깨끗한 식수 공급 등 실제로 생활 조건이 향상됐다.

빅토리아 시대의 개혁가들은 건강한 노동자를 안정적으로 공급받을 방법을 찾아야 했다. 그 핵심은 가족의 재건이었다. 중간계급은 노동계급의 육체적 상태보다 도덕적 상태가 더 충격적이라고 생각했다. 남녀가 같이 일하는 공간에서 여성들이 어깨를 드러내거나 치마를 무릎 위로 올린 채 일하는 모습이 우아하게 차려입은 부르주아 방문객들 눈에는 벌거숭이처럼 비쳤다. 공장 노동자는 상스럽고 부도덕하다고 비난받았고 여성 노동자는 성매매를 한다고 손가락질 당하기도 했다. 포화 상태의 노동자 주택은 근친상간과 어린이 매춘을 비롯한 범죄의 온상으로 지목됐다. 자본주의가 안정적으로 성장하는 데 적합한 새로운 도덕 체계와 새로운 노동계급 가족을 창출하기 위해 주택과 공장 개혁이 이뤄졌다.

여성은 가정에 헌신하도록 강요받았다. 1844년에는 여성이 합법적으로 일할 수 있는 노동시간을 제한했다. 1872년에는 노동계급 여성이 보모를 고용하고 일하러 나가는 것을 금지하는 새로운 법률이 생겨났다. 1876년 이후 공립학교 여학생은 '가정 경제'를 필수과목으로 배웠다. 남성은 '부양자'가 됐고 명목상 가정의 우두머리였다. 많은 아이들이 노동자로 훈련받기 위해 학교에 다녔다.

그러나 노동자들도 이익을 얻었다. 아이들을 훨씬 잘 돌볼 수 있게 됐고 요리나 청소 같은 집안일을 더 쉽고 효율적으로 처리할 수 있게 됐다. 여성들은 길고 고된 공장노동을 하지 않아도 됐다. 그러나 남성 노동자는 가정을 부양할 만큼 충분한 임금을 받지 못했다. 그래서 많은 여성이 집에서 세탁이나 바느질 같은 일을 했고, 나이 많은 아이들이 버는 임금이 가족의 수입에 중요해졌다. 그렇지만 노동계급 가족의 재건은 노동자와 자본가 모두에게 한동안 도움이 됐다.

강화되는 가족 가치

노동계급 가족이 확립되면서 '도덕적으로 용인되는' 성행위도 형성됐다. 그래서 예를 들어, 사생아 출생률은 1850년과 1901년 사이에 거의 절반으로 떨어졌다. 이것은 가족의 가치를 벗어난 성과 성교(주로 매춘, 자위행위, 동성애)를 금지하는 캠페인 때문이었다.

19세기 중반 영국에는 매춘이 크게 유행했다. 1830년대와 1840년대 런던에는 매춘부가 약 8만 명이 있었던 것으로 추정된다. 나이 어린 미숙련 여성 노동자들이 매춘에 뛰어들었다. 이들이 구할 수 있는 일자리는 형편없는 임금을 주는 곳이거나 계절노동인 경우가 흔했기 때문이다. 저임금으로 노동하면서 입에 풀칠하기 위해 가끔 매춘을 하는 여성들도 있었다. 당시의 대다수 미숙련 여성노동자는 10대 후반에 매춘을 시작했다가 가정을 꾸리는 20대 중반에 그만뒀다. 빅토리아 시대의 지배계급은 매춘을 무자비하게 공격했다.

빅토리아 시대의 지배계급은 아이들의 성도 억눌렀다. 아이들은 성욕이 없어야 했으므로 모든 성적 행위, 특히 자위행위는 비정상으로 여겨졌다. 자위행위를 이토록 혐오한 이유는 그것이 즐거움을 위한 성행위이고, 아이들에게 어릴 때부터 즐거움을 위한 성행위가 옳지 않다고 가르쳐야 했기 때문이다.

1885년 매춘에 대한 단속을 강화하고 성관계 동의연령을 13세에서 16세로 늦추는 개정법이 통과됐다. 이 법은 동성애자 억압을 심화시키는 것이기도 했다. 이전에는 단지 항문성교(동성 간이든 이성 간이든)가 유죄였지만 개정법은 남성 간 성관계를 처벌하겠다고 했다. 이제 남성 간 모든 성행위는 불법이 됐다. 이제 특정한 행동(누가 그것을 하든 간에)이 아니라 특정한 사람(그가 무엇을 하든 간에)을 비난했다. 그들이 하는 행위는 가족 중심의 성생활과 양립할 수 없기 때문에 불법행위라는 것이다.

동성애자는 자신만의 고유한 생활양식을 가진 독특한 인간이며 이런 인간과 그 생활양식은 없어져야 한다는 생각이 1895년 작가 오스카 와일드의 재판에서 매우 분명하게 드러났다. 오스카 와일드는 개정법을 위반했다는 이유로 2년 동안 감옥에 갇혔다. 와일드의 재판과 편견에 사로잡힌 언론의 보도 공세는 동성애자에 대한 고정관념을 퍼뜨렸고 이것은 오랫동안 지속됐다.

오늘날의 가족

오늘날의 지배계급도 100년 전의 지배계급처럼 '가족의 가치'를 주장하는데, 그 이유마저 100년 전과 거의 똑같다. 즉, 가족이 지배자들의 돈을 절약해 준다는 것이다. 예를 들어, 최근 영국에서는 국가가 '결손 부모'에게 양육비를 요구할 권리를 갖는 아동지원법이 만들어졌다. 그러나 이 법은 한부모에게 아무 도움이 되지 않는데, '결손 부모'에게 양육비를 받으면 그만큼 복지 혜택이 삭감되기 때문이다. 또한 여성들은 남편이 폭력을 행사해서 그와 단절하고 살아도 아이의 아빠가 누군지 밝혀야 하는 처지에 있다. 미국은 더 심각하다. 뉴저지에서는 아이의 아빠가 생활보호를 받는 아이의 엄마에게 생계비를 지급하지 않으면 투옥되지만, 여성이 아이의 아빠를 밝히지 않아도 처벌받는다. 생활보호를 받는 동안 여성이 아기를 가져도 추가적인 양육비를 지원받지 못한다. 영국과 미국 정부는 모두 아이를 키우는 데 드는 비용을 점점 국가에서 개인과 개별 가정으로 떠넘기려 한다.

정부는 가족을 지원하고 보호하기 위해 최소한의 복지 혜택이나 의료와 공공서비스 등에 돈을 써야 한다(얼마 안 되는 이 돈마저 아까워 줄이고 싶어하지만 말이다). 그렇지만 아이를 키우고 노인을 부양하고 환자를 돌보는 데 드는 비용은 모두 개별 가족이 부담하기 때문에 지배계급은 결국 엄청난 이익을 얻는다.

이데올로기적으로도 가족은 자본가에게 유용하다. 아이들

은 부모를 존경하고 따르듯이 직장에서 상사를 존경하고 따르라고 교육받는다. 가족생활은 작업장이나 계급 같은 거대한 집단의 이해관계보다 가족을 중심으로 사고하라고 부추긴다. 사람들의 삶을 지배하고 억누르는 다양한 사상과 가치를 맨 처음 배우는 곳이 바로 가정이다.

사람들이 가족을 이루는 데는 금전적·감정적 압력도 작용한다. 사람들의 기대와 달리 가족에게서 정서적 안정과 지지를 얻을 수 없는 경우가 많은데도 말이다. 가족이 이혼으로 파괴되는 일은 흔하다. 부부 4쌍 중 1쌍은 결혼한 지 12년이 되기 전에 갈라선다. 많은 가정에서 폭력이 벌어진다. 1977년의 통계에 따르면 매년 아동 300명이 가족에게 살해되고 3000명이 중상을 입는 것으로 추정된다. 가족 내에서 벌어지는 여성과 아이들에 대한 성적 학대와 강간은 공식 통계를 통해 어렴풋이 추측할 수 있다.

자본주의에서 가족제도는 매우 중요하다. 자본가들은 이 제도를 위협하는 모든 것을 잠재적 위험으로 여기고 억누르려 한다. 중요한 것은 성 억압에 맞서 어떻게 효과적으로 싸울 것인지다.

자본주의가 문제고 혁명이 대안이다

동성애자 해방 투쟁에는 크게 두 가지 전략이 있다. 하나는 동성애자 억압이 사라지는 날까지 자본주의를 고치고 개혁하자고 주장하는 개혁주의적 대안이다. 다른 하나는 동성애자 억압이 자본주의에서 비롯했으므로 자본주의 자체를 혁명적으로 전복하자는 혁명적 대안이다. 이 두 전략은 20세기 초 각각 독일과 러시아의 정치 과정에서 매우 대조적 결과를 낳았다.

마그누스 히르슈펠트와 과학적인도주의위원회

마그누스 히르슈펠트는 1900년경부터 1930년대까지 독일에서 대규모 동성애자 해방운동을 이끌었다. 그는 독일의 초기 사상가인 카를 하인리히 울리히의 영향을 크게 받았다. 울리히는 1860년대의 저작에서 동성애를 '우라니안의 사랑'이라 부르며 이를 옹호했다.

히르슈펠트는 동성애자 해방의 열쇠는 동성애자가 생물학적으로 이성애자와 다르다는 점을 증명하는 것이라고 믿었다. 그는 이런 생각에 기초해 공세적으로 연구에 돌입했다. 1914년에 그는 동성애자 1만여 명의 자료를 이용해 자신의 믿음, 즉 동성애자를 생물학적으로 식별할 수 있다는 것을 뒷받침하려 했다. 히르슈펠트는 이른바 동성애자의 생물학적 차이를 서술해 동성애자가 자연에 의해 형성된 인류의 자연스런 변종이며 타고나기를 그렇게 타고났기 때문에 동성애자의 성행위는 법으로 금지할 일이 아니라는 견해를 확산하려 했다. 1920년대에 많은 진보적 성 연구자와 활동가가 히르슈펠트의 견해를 받아들였다.

히르슈펠트는 1897년에 최초의 동성애자 권리 조직인 과학적인도주의위원회를 결성했다. 히르슈펠트는 (영국 노동당의 독일판이라 할 수 있는) 사회민주당의 우파였고 사회주의자는 아니었다. 과학적인도주의위원회는 남성 간 성행위를 금지하는 독일 법률을 폐지하기 위해 설립됐으므로 영향력 있는 집단의 서명을 모으는 청원 운동에 집중했다. 한 역사가는 이 운동을 다음과 같이 기록했다.

서명은 저명한 과학자, 법률가, 교육자, 저술가, 고위 공직자, 성
직자 등 여론 주도층만 대상으로 받았다.

사회민주당은 법률 개정을 지지하는 유일한 정치집단이었
다. 1905년에 과학적인도주의위원회는 5000여 명의 서명을
받았다. 그러나 의회는 이 청원서를 곧바로 기각했다.

당시 독일의 노동계급은 세계에서 손꼽힐 정도로 잘 조직
돼 있었다. 의회가 청원 운동을 무시한 상황에서 히르슈펠트
와 과학적인도주의위원회가 노동계급에게 지지를 호소했다면
운동을 전진시킬 수 있었을 것이다. 그러나 운동을 주도한 동
성애자 활동가들은 내향화했고, 유명 인사를 '아웃팅'하는 캠
페인을 시작했다. 이것은 주요 동성애자 인사에 대한 지배계급
의 마녀사냥을 불러일으켰다.

마녀사냥이 시작되자 과학적인도주의위원회 재정의 많은 부
분을 지원하던 상층계급의 우파적 동성애자들은 연루 사실이
드러나면 자신의 지위도 위험해질까 두려워 재정 지원을 중단
했다. 법률 개혁 논의는 제1차세계대전 이후까지 이뤄지지 못
했다. 심지어 1909년에는 반동성애법을 남성뿐 아니라 여성에
게도 확대·적용해야 한다는 제안이 나오기도 했다.

전쟁이 끝나면서 유럽 전역에서 혁명의 물결이 일어났다. 독일 노동자들은 왕정을 무너뜨리고 공화국을 세웠으며 권력을 잡으려 했다. 독일 혁명으로 정치 지형이 좌경화된 덕분에 동성애자의 권리를 다시 논의할 수 있게 됐다. 히르슈펠트는 공화국에 지지를 보냈고 성과학연구소를 설립할 수 있었다. 그는 이 연구소를 '혁명의 아이'라고 불렀다. 1920년대에는 수십 개의 동성애자 모임과 정기간행물이 등장했다. 히르슈펠트는 이것을 혁명이 가져다준 급진화의 결과라고 생각했다.

1918년의 사건들은 의심할 나위 없이 동성애자 해방 투쟁에 영향을 미쳤다. … 새롭게 등장한 동성애자 조직은 인간적이고 정의로운 과학자들의 모임을 뛰어넘어 … 동료를 위한 투쟁을 시작했다.

독일 공산당은 성공한 러시아 혁명의 선례를 따라 동성애자의 완전한 평등을 주장했다.

계급의식적 프롤레타리아는 … 성생활 문제와 동성애 문제에 편견 없이 접근한다. … 프롤레타리아는 … 동성 간 성생활에 이성 간 성행위와 똑같은 자유를 요구한다.

독일 노동자 조직은 변화를 용납하지 않겠다는 의회와 달리 동성애자 운동을 지지했지만 히르슈펠트는 끝까지 의회적 길을 고집했다. 당시 성장한 동성애자 해방운동은 '동성애자 해방은 동성애자 스스로 쟁취해야 한다'는 신념에 기초해 있었고 동성애자의 권리를 다시금 정치적 의제로 만든 노동계급 투쟁과 연대를 모색하지 않았다.

히르슈펠트는 동성애자 권리를 단호하고 용기있게 옹호한 사람이었다. 1920년 10월 그는 심하게 구타당했고 1921년에는 습격받아 두개골이 깨진 상태에서 버려졌고 1923년에는 강연 도중에 총을 맞기도 했다. 그렇지만 히르슈펠트는 1935년 죽을 때까지 동성애자의 권리를 위해 줄기차게 싸웠다. 그러나 평생을 청원 운동에 바쳤지만 광범한 동성애자 해방은 고사하고 법률 개혁이라는 목표조차 이루지 못했다. 히르슈펠트는 이성적 주장과 과학적 지식만으로도 법을 바꾸고 동성애자 해방을 쟁취할 수 있다고 잘못 생각했다. 1930년대 독일에서 나치가 성장하고 나치 의원들이 의회에서 동성애자들을 공격할 때도 히르슈펠트와 과학적인도주의위원회는 비정치성을 지나치게 고수한 나머지 나치를 비판하지 않았다. 대신 과학적인도주의위원회는 다음과 같은 성명을 발표했다. "나치 당에 있는 많은 우리 회원들에게 자신의 대표들이 자중하도록 강력하게 요구할 것을 촉구한다." 비극적이게도 이런 정치로는 다가

올 파시즘의 야만에 대항해서 자신은 물론이고 다른 동성애자도 방어할 수 없었다.

러시아 — 노동자 권력과 동성애자 해방

러시아에서 동성애자 억압에 맞써 싸워 온 역사는 독일과 확연히 다르다. 제1차세계대전이 가져온 군사적 패배와 빈곤은 1917년에 러시아 지배자들에 대한 광범한 분노로 폭발했다. 1917년 2월에 러시아를 지배하던 차르와 지주들은 쫓겨났다. 임시정부에 권력이 이양됐는데, 임시정부는 영국과 프랑스처럼 자본주의적 민주주의 정부를 세우려는 중간계급이 지배했다. 1917년 10월 임시정부는 노동자 혁명으로 전복됐다. 그 후 작업장에서 선출된 노동자위원회와 병사와 수병이 선출한 병사·수병위원회가 러시아를 지배했다. 역사상 최초로 노동자들이 국가를 통제하게 됐다.

러시아는 유럽에서 가장 가난하고 가장 뒤늦게 발전한 나라에 속했다. 러시아 인구의 절대다수는 여전히 자급자족해서 먹고사는 농민이었다. 경제 상태는 거의 중세와 같았고 매우 후진적 사상도 존재했다. 유대인에 대한 끔찍한 편견은 광범하게 퍼져 있었다. 남편이 아내를 구타하는 것은 합법이었다. 농촌에서는 교회가 성도덕을 규정했다. 성행위는 불결한 것으로 여겨졌기 때문에 성행위를 하는 동안에는 집안에 하나씩 모셔 둔 성상聖像을 천으로 덮어야 했다. 사람들은 피임에 대해 아는 게 거의 없었다. 그래서 농촌 여성 4명 중 1명은 45세에 이를 때까지 10여 차례나 임신하기도 했다. 도시에서는 매춘이 성행했다. 수도 상트페테르부르크에서는 적어도 50명 중 1명이 매춘으로 생계를 유지했다. 동성애는 불법이었다.

1917년 10월 혁명 이후 레닌과 트로츠키가 지도하는 볼셰비키가 혁명정부를 이끌었다. 권력을 잡은 지 몇 주만에 볼셰비키는 결혼과 성행위에 관한 낡은 법률을 폐기했다. 동성애는 합법이 됐고 이혼도 쉬워졌다. 1920년에 낙태도 합법화해 누구든 원하면 무료로 낙태를 할 수 있었다. 또 볼셰비키는 매춘의 유혹을 받는 젊은 노동자를 위해 공동주택을 세우는 한편, 도시로 막 이주한 여성을 위해 임시주택을 짓는 등 매춘을 조장하는 환경을 제거하려 애썼다.

볼셰비키는 또한 여성과 동성애자 억압의 근본 원인인 가족 제도를 없애고자 했다. 트로츠키는 집안에서 여성이 수행하는 다양한 기능을 사회가 책임져야 하고 오직 그럴 때만 비로소 남성과 여성이 서로 평등한 관계를 맺을 수 있다고 설명했다.

빨래는 공공 세탁소에서, 식사는 공공 식당에서, 바느질은 공공 작업장에서 할 수 있게 만들어야 한다. 아이들은 교직에 진정한 소명 의식을 가진 훌륭한 공립학교 교사들에게 교육받아야 한다. 그러면 남편과 아내의 유대는 외부적이고 우연적인 모든 것에서 자유롭게 될 것이고, 남편이 아내의 삶을 희생시키는 일도 사라질 것이다. 진정한 평등이 마침내 확립될 것이다. [부부 간의] 유대는 애정에 의존할 것이다.

러시아 같은 가난한 나라에서 이런 계획이 실현되기는 힘들었을 것이다. 어려운 조건 속에서도 1920년에는 상트페테르부르크 인구의 90퍼센트 이상이, 나라 전체로는 1200여만 명이 공공 식당에서 식사를 했다. 가족제도가 점차 사라지면서 동성애자 억압도 사라져 갔다. 1923년 볼셰비키 당원 그레고리 밧키스는 새로운 사회주의 사회가 성에 대해 갖는 태도를 다음과 같이 묘사했다.

소비에트 공화국의 성 관련 법률은 10월 혁명의 작품이다. 혁명이 중요한 이유는 이것이 노동계급의 정치적 구실을 보장하는 정치 현상일 뿐 아니라 삶의 모든 영역에 또 다른 혁명을 불러오기 때문이다. … [소비에트 법률은 — 지은이] 다른 사람에게 해를 끼치지 않고 다른 사람의 이익을 침해하지 않는다면 사회와 국가가 성 문제를 절대 간섭하지 않을 것임을 선언한다. … 유럽의 법률이 사회도덕에 어긋난다고 규정했던 동성애, 소도미 등 성적 만족을 위한 다양한 행위를 소비에트 법률은 '자연스러운' 것으로 간주한다.

노동자 혁명이 진보적 사상을 억압해 온 자본주의 체제를 완전히 무너뜨렸기 때문에 환상적일 만큼 진보적인 사상이 번성했고 짧은 기간이나마 실행됐다. 러시아에서 동성애자들은 자유를 얻기 위해 지배자들에게 굽실거리지 않았다. 그들은 노동자 투쟁에 참여했고 스스로 자유를 쟁취했다.

러시아 — 배반당한 혁명

러시아 혁명이 다른 나라로 확산되지 못하고 외국 군대의 침략과 국내의 반혁명이 벌어지면서 혁명은 궁지에 빠졌다. 권력을 장악한 스탈린은 가족을 재확립하려 했고 성적 자유는 끝났다. 스탈린은 다음과 같이 썼다.

우리는 사람이 필요하다. 이 나라에서 생명을 파괴하는 낙태는 허용할 수 없다. 소비에트 여성은 남성과 똑같은 권리를 갖지만 자연이 여성에게 준 위대하고 명예로운 의무에서 자유로울 수는 없다. 여성은 아이를 낳고 어머니가 돼야 한다.

여성이 아이를 여러 명 낳으면 국가가 훈장을 수여했다. 가족의 재건은 동성애자 억압도 되살아난다는 것이었고, 1934년에 동성애는 다시 범죄로 규정됐다. 동성애자 수천 명이 체포돼 수용소로 보내졌다. 스탈린주의 국가는 동성애를 '파시스트의 성도착증'이라고 비난했다.

독일 — 분홍색 삼각형의 죄수들

나치가 수많은 동성애자를 투옥하고 살해한 것을 고려하면 동성애가 파시즘과 연관됐다는 주장은 매우 역겨운 역설이다. 일부 동성애자는 초기 파시스트 운동에 참여했다. 예컨대 나치당의 군사 조직인 나치돌격대SA의 우두머리 에른스트 룀은 게이였다. 게이가 지도적 위치에 있었지만 나치가 동성애자에 호의적이었던 것은 아니다. 나치는 독일 노동자들의 힘을 철저히 분쇄하고 독일 자본주의를 구출하고자 권력을 잡았다. 유대인, 사회주의자, 동성애자 등을 희생양 삼아 노동자들의 단결을 깨겠다는 것이 나치의 구상이었다.

히틀러는 1933년 1월 수상이 된 지 3주 만에 사회주의 조직과 동성애자 권리 조직을 금지했다. 한 달 뒤 히틀러는 동성애자 해방운동의 지도자들을 수용소에 보냈다. 6주 뒤에는 나치 학생들이 히르슈펠트의 연구소를 파괴했다. 그 뒤 1년 동안 베를린 경찰과 나치 친위대ss는 이전 15년 동안 잡아들인 것보다 더 많은 동성애자를 체포했다. 1935년에는 남성 간 '외설적 행동'을 모두 범죄로 간주해 입맞춤이나 신체 접촉뿐 아니라 연애편지를 주고받는 것도 유죄라고 판결할 수 있었다. 동성애자 술집을 습격해 주소록을 압수하고 주소록에 있는 사람들을 체포했다. 나치는 가족을 장려한다는 명분을 내세우며 이 모든 짓을 저질렀다. 소련에서 한 것처럼 '어머니 훈장'을 도입했다.

1938년 이후 외설적 행동으로 유죄를 받은 게이는 강제수용소로 보내졌다. 나치 친위대의 우두머리 힘러는 다음과 같이 말했다. "이 자들을 완전히 박멸해야만 한다. … 동성애자는 송두리째 제거해야 한다." 나치 독일에서 살해당한 남성 동성애자의 수를 정확하게 집계하는 것은 불가능하다. 수만 명은 족히 되고 수십만 명일 수도 있다.

20세기 초반의 역사는 두 가지 사실을 분명하게 보여 준다. 첫째, 동성애자의 이해득실은 노동자의 이해득실과 서로 일치한다는 사실이다. 1917년 10월 러시아에서 강력한 노동계급이 혁명으로 권력을 잡는 그 순간 동성애자도 가장 위대한 승리를 거뒀다. 히틀러는 동성애자 해방운동을 분쇄하고 동성애자들을 학살한 것과 마찬가지로 독일 노동조합을 파괴하고 사회주의자들을 투옥·살해했다.

둘째, 이런 역사적 경험은 체제를 내부에서 바꾸는 것이 불가능함을 보여 준다. 히르슈펠트는 과학적 연구를 진행하고, 이성理性에 호소하고, 자본가계급의 심기를 건드리지 않으려고 노력했지만 이 모든 것은 어떤 성과도 내지 못했다. 독일 노동자들이 혁명을 일으키자 비로소 개혁이 진전되고 동성애자의 조건이 나아졌다. 러시아에는 동성애자 해방운동이 없었다. 그렇지만 혁명은 동성애자를 해방시켰다. 처음부터 동성애자 해방을 위한 투쟁은 사회주의를 위한 투쟁과 뗄 수 없는 관계였다.

현대 ― 1950년대와 1960년대

독일의 동성애자 해방운동이 나치에게 파괴되고 스탈린이 러시아 혁명이 이룬 성과를 되돌려 놓았기 때문에 1950년대와 1960년대 초는 동성애자들에게 모진 시기가 됐다. 미국에서 냉전은 사회주의자와 동성애자에 대한 마녀사냥을 뜻했기 때문에 또다시 노동자와 동성애자가 공격받았다. 그러나

1960년대가 되면서 정치적 분위기가 바뀌었다. 1968년 프랑스에서는 역사상 가장 큰 대중파업이 일어났다. 1950년대 말과 1960년대 내내 미국 곳곳에서 수많은 흑인이 공민권운동에 나섰다. 1970년에는 미국의 학생 400만 명이 베트남전쟁 반대운동을 벌였다. 이런 투쟁 속에서 현대의 동성애자 해방운동이 탄생했다.

동성애자 해방운동은 미국에서 시작했다. 1960년대 중반에 미국에서 강력한 인종차별 반대운동이 성장했다. 1963년에는 약 25만 명이 흑인의 공민권을 요구하며 워싱턴에서 행진했다. 그 후 5년 동안 흑인 수십만 명이 미국 곳곳에서 봉기에 참여했다. 이들은 초기 공민권운동의 비폭력성에 반대했고, 평등한 권리를 쟁취하기 위해 더욱 급진적이고 혁명적인 방식을 채택했다. 이런 투쟁은 동성애자 단체에 큰 영향을 미쳤다. 1965년 소수 동성애자들이 반정부 시위를 시작했다. 1966년에 흑표범당의 스토클리 카마이클이 '블랙 파워'를 요구한 지두 달 뒤에 '게이 파워'라는 말이 등장하기 시작했다. 1968년에는 "흑인은 아름답다"라는 구호를 흉내낸 "게이는 좋다"라는 구호가 처음 등장했다. 베트남전쟁 반대 시위, 학생운동, 여성 해방운동의 영향으로 동성애자 해방운동에 동참한 수천 명의 사람들은 더욱 급진화했다. 이것이 현대 동성애자 해방운동의 탄생 배경이었다.

동성애자 해방운동의 역사

스톤월 항쟁

1960년대 뉴욕 경찰은 일상적으로 동성애 술집을 습격했다. 1969년 6월 27일 경찰 몇 명이 유명한 동성애자 술집 스톤월인을 습격했을 때, 그곳에 게이와 레즈비언이 꽤 있었고 이들은 경찰에 맞서 싸웠다. 경찰이 레즈비언 한 명을 경찰차로 끌고가려 했다. 그 레즈비언이 반항하자 사람들이 경찰에게 동전을 던졌고, 이어 병과 돌멩이를 던졌다. 경찰이 술집 안으로 후퇴하자 사람들은 술집에 불을 질렀다. 그때 경찰 지원 병력이 도착했고 폭동은 밤 늦게까지 계속됐다. 다음날 밤에도 폭동이 계속됐는데, 역사가 존 데밀리오는 다음과 같이 기록했다.

게이 파워를 주장하는 낙서가 크리스토퍼 거리에 등장했다. 길 모퉁이마다 청년들(대다수 기사에 따르면 여성스러운)이 무리를 지어 분노를 터뜨리며 웅성거리고 있었다. 누군가 젖은 쓰레기 봉투를 순찰차 창문에 집어던졌다. 근처 웨이벌리플레이스에서는 경찰차에 보도블록이 날아들었고 삽시간에 수십 명이 경찰차를 둘러싼 채 문을 두드리고 보닛에 올라가 춤을 췄다. … 이후 몇 시간 동안 쓰레기가 불타오르고 병과 돌멩이가 날아다니고 "게이 파워!"라는 외침이 거리에 울려 퍼졌다. 경찰 400명이 2000명에 달하는 군중과 전투를 벌였다.

스톤월 항쟁에 모든 사람들이 놀랐다. 그동안 동성애자는 정신장애가 있고 열등하며 내성적이라고 여겨졌고 동성애자 스스로도 흔히 그렇게 생각했다. 스톤월 항쟁에서 동성애자들은 '게이 파워'를 요구하며 투쟁에 나섰다. 이 싸움은 동성애자가 경찰, 법정, 사회 일반에서 억압받는다는 사실을 상징적으로 보여 줬고, 동성애자들이 서로 단결해서 맞서 싸울 수 있다는 사실도 보여 줬다.

동성애자해방전선

스톤월 항쟁 몇 주 뒤에 뉴욕의 동성애자들은 동성애자해방전선GLF을 결성했다. 이후 순식간에 미국 전역에서 동성애자 모임이 생겨났다. 동성애자해방전선에 참여한 많은 동성애자들은 베트남전쟁 반대운동과 공민권운동 등 다른 사회운동에도 참여했다.

이들은 이런 모든 투쟁에서 자신의 적이 사회를 지배하는 극소수 사람들(백인이고 대체로 남성이었다)이라는 것을 분명히 알고 있었다. 그래서 적과 체제를 날려버리려면 혁명이 필요하다고 주장했다. 동성애자해방전선은 베트남민족해방전선(베트남에서 미군에 맞서 싸운 저항운동)을 본따 이름 지었고 미국 사회와 어떤 타협도 하지 않겠다고 선언했다.

우리는 기존 사회제도가 철폐되기 전에는 아무도 완전한 성 해방을 누릴 수 없다는 각성으로 뭉친 혁명적 집단이다. 우리는 사회가 강요하는 성 역할과 우리의 본성에 대한 규정을 거부한다. … 우리는 우애, 협력, 인간애, 자유로운 성에 기반한 … 새로운 사회형태와 관계를 창조할 것이다.

동성애자해방전선은 미국 자본주의에 맞서 싸우는 다른 집단을 지지했다. 이들은 반전시위에 지지 현수막을 들고 참가했고 뉴욕에서는 혁명적인 흑표범당에 후원금을 보내고 [투옥된 활동가들을] 지지하는 연대 활동을 했다. 흑표범당의 지도자 휴이 뉴턴은 동성애자해방전선의 연대에 화답하며 성명을 발표했다. 그 성명은 동성애자 억압을 비판하고 흑인과 동성애자가 함께 싸울 이해관계가 있다고 주장했다.

동성애자해방전선이 발행한 간행물은 몇년 전의 '점잖은' 동성애자 모임은 절대 언급하지 않은 주제를 다뤘다. 예컨대, 감옥살이를 경험한 흑인 게이의 인터뷰를 싣는가 하면 여성 옷을 입는 매춘 남성이 스스로를 방어하기 위한 조직화 시도도 다뤘다. 동성애자해방전선의 회원들은 동성애자에 대한 의사나 학자들의 [반동적] 견해에 반대해서 정신의학회 회의장에 쳐들어가 발표자들에게 야유를 퍼부으며 회의를 방해했다. 1969년과 1973년 사이에 미국의 동성애자 조직은 두 배로 성장했다.

스톤월 항쟁에 참가한 사람들은 동성애자 술집이 동성애자 억압에 일조한다고 생각해 술집을 불태웠다. 그리고 동성애자해방전선은 동성애자 술집이 해방 투쟁의 공간이 아니라 착취하는 곳이라고 주장했다. 동성애자들은 동성애자 술집의 상업주의를 못마땅해 했고 동성애자 술집이 성차별적 관념을 강요하고 '적절하게' 행동하라고 압박하는 것에 반대했다(어떤 술집은 심지어 동성끼리 춤추는 것도 금지했다). 그러나 동시에 동성애자해방전선은 많은 동성애자들이 동성애자 술집에서만 [자유롭게] 만날 수 있으므로 경찰이 이런 술집을 공격하지 못하도록 방어해야 한다는 점도 인정했다. 동성애자해방전선은 1970년대에 동성애자 술집과 그곳의 손님을 괴롭히는 경찰의 공격에 항의하는 시위에 여러 번 참여했다.

1970년 10월에 런던의 동성애자해방전선이 미국 동성애자해방전선의 정치를 바탕으로 설립됐다. 런던 동성애자해방전선은 시위를 조직하고, 낙태권 옹호 시위와 노동 악법 반대 시위에 참여하고, 우파적 기독교인의 모임인 '은총의 축제'의 첫 회합을 방해했다.

영국과 미국 양쪽에서 동성애자해방전선은 새로운 동성애자 정치의 시작을 알렸다. 이들은 동성애자가 사회에 잘 통합되지 못한다는 이유로 억압받는 것은 동성애자 탓이 아니고 사회가 병들어서 생긴 결과라고 주장했다. 양국의 동성애자해방전선은 레즈비언과 게이가 단결하면 병든 사회를 바꾸고 동성애자 억압도 완전히 쓸어낼 만한 힘을 가질 것이라고 주장했다. 이런 주장은 명망가에게 의존했던 1950~1960년대의 개혁주의 정치에 비하면 엄청나게 발전한 것이다.

동성애자해방전선은 대중 참여를 강조했다. 이것이 동성애자 수천 명에게 싸울 자신감을 북돋워 준다고 생각했기 때문이다. 동성애자해방전선은 심지어 동성애와 이성애를 더는 구별하지 않는 대안 사회를 제시하는 글을 쓰기도 했다. 그래서 동성애자 해방 투쟁은 동성애자 억압의 종식만이 아니라 모든 사람의 성적 자유를 쟁취해야 한다고 주장했다. 동성애자해방전선은 동성애자들이 많은 진보를 이룰 수 있게 도왔다.

동성애자해방전선은 빠르게 성장했지만 분열도 그만큼 빨랐다. 영국과 미국의 동성애자해방전선은 1972년 말에 여러 조직으로 나뉘었다. 자본가를 날려버리고 자유로운 성에 기반한 새로운 사회를 창조하려는 계획은 실현되지 못했다. 그 원인 중 하나는 1960년대 미국을 휩쓴 반란의 물결이 1970년대 중반에 퇴조했기 때문이고, 다른 하나는 동성애자해방전선을 지배하던 정치였다. 동성애자해방전선의 정치는 자주 혼란스럽고 모순적이었다(1930년대 이후 동성애자 해방운동이 억압받았으므로 이들의 정치가 혼란스러운 점은 이해할 수 있다). 동성애자해방전선의 정치는 사람들의 사고를 명료하게 해서 동성애자 해방 투쟁에 쉽게 참여하도록 이끌지 못하고 오히려 그것을 더 어렵게 만들었다. 동성애자해방전선이 동성애자 해방운동의 최정점에 있었고, 동성애자 해방운동에 지배적 영향을 미쳤기 때문에 그 정치적 약점을 파악하는 것은 매우 중요하다.

'개인적 정치'

동성애자해방전선은 혁명을 주장했지만 어떤 혁명이 필요한지(예컨대, 누가 누구에 맞서 혁명을 해야 하는지) 또는 혁명을 어떻게 완수해야 하는지 등이 모호했다. 이들은 종종 혁명이란 말을 사회를 바꾸려는 의식적 계획이 아니라 사람들이 새로운 운동에 참여할 때 느끼는 들뜬 기분이라는 의미로 쓰는 듯했다. 이들은 '개인적 해방'을 핵심으로 여겼다. 이것은 새로운 운동이 동성애자 억압에 대한 집단적 토론 같은 '의식 고양' 활동을 강조한 것에서 잘 드러난다. 런던 동성애자해방전선은 다음과 같이 선언했다.

우리의 해방은 우리 머릿속에 있는 억압을 제거하는 것에서 출발해야 한다.

이 운동은 집단행동(실천을 통해 사상을 검증하고 효과적 방법을 찾아내는 것)이 아니라 관념, 즉 '개인이 머릿속 억압에서 벗어나' 사고할 수 있도록 하는 것을 강조했다. 런던 동성애자해방전선이 발행한 잡지는 심지어 "혁명이란 … 행동이 아니다. 오늘날의 혁명은 마음가짐이다" 하고 주장했다.

개인적 해방과 정치 활동에 대한 이런 혼란은 동성애자해방전선이 자신의 성적 지향을 인정하고 주변 사람에게 솔직하게 말해야 한다며 '커밍아웃'을 강조하면서 더욱 심해졌다. 많은 동성애자가 더는 이성애자 행세를 하지 않아도 된다고 느낀 것은 분명 진전이었다. 레즈비언과 게이들은 커밍아웃을 통해서 많은 사람들이 가지고 있는 동성애에 대한 차별적 생각을 바꿀 수 있다는 것을 깨달았다. 이것은 동성애자 활동가들에게 자신감을 불어넣었다.

그러나 동성애자해방전선은 개인적 정치를 강조했기 때문에 모든 동성애자가 친구·가족·사용자 등 모든 사람에게 커밍아웃해야 한다고 주장했다. 커밍아웃 자체가 동성애자 억압을 없앨 수 있다는 듯이 말이다. (초기 동성애자해방전선의 다수를 차지한) 학생, 실업자, 일부 전문직 종사자는 쉽게 커밍아웃할 수 있었지만 평범한 동성애자 노동자는 끈질긴 사회적 편견 때문에 커밍아웃하기가 매우 어려웠다. 더구나 커밍아웃에 대한 강조 때문에 실제로는 동성애자 해방운동의 문턱이 더 높아졌다. 운동에 참여하려면 커밍아웃해야 했기 때문이다. 사람들이 먼저 투쟁에 참여하고 자신감을 얻은 다음 커밍아웃하는 것은 허용되지 않았다. 그 결과 동성애자해방전선은 이성애자 행세를 하면서 살아가는 대다수 노동계급 레즈비언과 게이를 포용할 수 없었다.

또한 개인 해방을 강조한 결과, 동성애자해방전선의 일부 회원들은 자신의 라이프스타일을 바꾸는 것만으로 충분하다고 믿었다. 다른 회원들은 사유재산과 일부일처제를 거부하면서 공동체 생활을 했고 더 해방된 생활양식을 확립하려고 노력했다. 일부 남성은 성희롱을 유발하려는 의도로 화려하고 성구별이 모호한 옷을 입었고 이렇게 '남성의 특권'을 거부하는 것이 여성 억압을 줄일 수 있다고 생각했다. 이런 행동은 아무런 성과도 남기지 못하고 곧 사라졌지만 개인적 정치와 라이프스타일 정치는 남아서 이어지고 있다.

동성애자해방전선의 정치가 개인이 겪는 억압의 경험에 집중했기 때문에 단결된 행동을 하기가 어려웠고 조직의 분열과 '자율주의' 정치와 분리주의 정치를 강화했다. 그 결과 여성들은 1970년 봄 뉴욕 동성애자해방전선에서 탈퇴해 별도의 조직을 만들었다. 1971년 가을 런던 동성애자해방전선도 같은 일을 겪었다. 1972년에 이르면 미국의 여러 도시에서 흑인, 라틴계, 아시아계 동성애자 모임이 따로 존재했다. 이후 10년 동안 영국에서도 장애가 있는 레즈비언, 흑인 게이, 나이 든 레즈비언 등이 따로 조직을 만들었다. 일부 사람들은 이런 파편화를 동성애자 공동체의 다양성으로 인식해 환영하기도 했지만, 실제로는 인종차별주의, 성차별주의 반대 등 다양한 동성애자 집단이 따로 조직을 만들면서 내세운 목표를 이루기가 더 어려워졌다. 예를 들어, 남녀가 함께 있던 단체에서 레즈비언들이 나가자 그 단체의 게이들에게 성차별적 생각을 거부해야 한다고 주장하기가 더 어려워졌고 남성과 여성이 힘을 합쳐 여성 차별과 동성애 혐오에 맞서 강력하고 단결된 운동을 건설하기도 더 힘들어졌다.

레즈비언 페미니즘은 일찌감치 동성애자해방전선에서 분리해 나갔다. 레즈비언 페미니스트들은 여성 억압이 다른 모든 억압의 뿌리라고 주장했다. 이들은 모든 곳에서 남성이 여성을 지배하기 때문에 여성이 억압받는다고 주장했고 이런 체제를 '가부장제'라고 불렀다. 남성은 여성에게 얻는 위안 덕분에 권력을 유지할 수 있기 때문에 개인 간의 관계가 가부장제의 지속에 결정적이다. 따라서 여성이 남성과의 관계를 끝내는 것이 가부장제를 근절하고 여성과 인류의 해방에 다가가는 정치적 행동('정치적 레즈비언주의')이다. 이들이 보기에 베트남전쟁을 비롯한 모든 전쟁은 가부장제의 결과인데, 왜냐하면 여성은 합리적이고 평화적인 반면 남성은 폭력적이고 호전적이기 때문이다. 이런 접근 방식은 여성들 사이에 존재하는 계급적 차이를 완전히 뭉개 버린다. 지배계급 여성은 언제나 노동계급 '자매'를 억압하고 착취하는 데 적극적 구실을 했다. 게다가 모든 남성이 적이라고 생각하면 공동의 억압에 맞서 게이와 레즈비언이 단결해야 한다는 생각은 완전히 배제된다.

미국에서 1970년대 초 레즈비언 페미니스트들은 공중화장실에서 하는 성교와 '크루징'(공공장소에서 데이트 상대를 찾는 일)을 비난하면서 게이는 이런 너저분한 짓을 하지만 레즈비언은 그렇지 않다고 주장했다. 레즈비언 페미니스트 정치의 분리주의적 성향은 1977년 뉴욕에서 '게이 자긍심 행진'에 대항해 '레즈비언 자긍심 행진'을 조직한 것에서 분명하게 드러났다.

동성애자해방전선과 좌파

미국에서 동성애자해방전선에 참여한 많은 사람은 좌파적 학생단체의 회원이었다. 영국에서는 1970년대 초 동성애자해방전선과 노동계급 투쟁이 동시에 성장했고, 특히 1974년에 벌어진 광원 파업은 마침내 보수당 정부를 끌어내렸다. 그렇지만 새로운 동성애자 해방운동 내에서 사회주의 정치와 노동자 투쟁과의 연대를 강조하는 정치는 거의 아무런 구실을 하지 못했다. 여기에는 두 가지 이유가 있다.

첫째, 미국 동성애자해방전선에 참여한 대다수 좌파적 학생들은 미국 노동자들이 자본가에 맞서 싸울 것이라는 기대를 버렸다. 1960년대 말에 거리에서는 공민권운동, 학생들의 반전시위, 동성애자 해방운동이 벌어졌지만 작업장에서는 투쟁이 드물게 일어났고 그다지 인상적이지도 않았다. 그래서 노동자 투쟁에 대한 회의는 더 강화됐다. 대다수 학생들은 개인의 열성적 노력을 통해서만 사회주의가 이뤄질 수 있다고 믿었다. 이런 믿음 때문에 이들은 분리주의 정치에 빠져들었고 노동계급의 집단적 행동을 강조하는 정치에서 멀어졌다.

동성애자해방전선 내 좌파의 더 큰 문제점은 스탈린주의 국가인 소련과 그 동맹국을 환상을 가지고 바라봤다는 점이다. 미국 동성애자 해방운동의 사회주의에 대한 인식에 가장 큰 영향을 미친 나라는 소련의 위성국 쿠바였다. 1959년 피델 카스트로가 미국의 지원을 받던 쿠바 정부를 무너뜨리고 권력을 잡은 다음 사회주의를 선포했다. 그러자 미국 정부는 1960년 초 쿠바와의 무역을 완전히 금지했다. 이것은 매우 중요한 쟁점으로 떠올랐고 1960년대 대다수 미국 좌파와 동성애자해방전선은 자국 정부에 반대해 쿠바를 지지했다. 그렇지만 여느 스탈린주의 국가와 마찬가지로 쿠바도 동성애를 폭력적으로 탄압했다. 쿠바 공산당은 "동성애를 반사회적 일탈"로 규정하고 "동성애적 일탈을 표현하는 것을 전면 금지한다"고 선포했다. 1970년 연대 활동을 위해 쿠바를 방문한 동성애자들은 모욕당하고 위협받았다.

많은 사람들은 (쿠바와 소련이 사회주의가 아니라고 생각하기보다) 사회주의가 동성애자에게 아무 도움이 되지 않는다고 결론내렸다. 미국의 수많은 좌파적 학생은 자신이 동성애를 악랄하게 탄압하는 국가를 잠시나마 지지했다는 사실에 경악하며 사회주의를 포기하고 분리주의 정치를 옹호했다.

영국에서는 1970년대 초 계급투쟁 수준이 높았던 덕분에 보수당 정부에 대항한 노동계급 투쟁과 동성애자의 투쟁이 연대할 가능성이 있었다. 동성애자해방전선이 파견한 대표단도 노동 악법에 반대하는 시위에 참여했다. 1972년 동성애자해방전선의 일부는 노동 악법 때문에 구속된 펜턴빌 항만 노동자들의 석방을 요구하는 대규모 시위에 참여했다. 이렇게 해서 노동자 운동과 동성애자 해방운동은 부분적이나마 연관을 맺었다. 그렇지만 이것이 동성애자해방전선의 정치와 활동의 중심은 결코 아니었다. [더구나] 1974~1979년에 집권한 노동당 정부가 노동자 투쟁과 조직을 공격하면서 노동자 운동이 어려움을 겪자 두 운동의 연대 가능성도 축소됐다.

자율주의 정치

동성애자해방전선은 '자율주의'와 분리주의 정치를 당연하게 여겼고 그후 동성애자 해방운동은 줄곧 그랬다. 이런 정치는 동성애자는 이성애자가 경험하지 못하는 억압을 경험하기 때문에 이 억압에 맞서 싸우는 최상의 방법을 자연히 알게 된다고 주장한다. 또 동성애자 해방 투쟁은 동성애자를 중심으로 해야 하고, 이성애자를 동성애자 조직에서 배제해야 한다고 말한다. 가장 괜찮은 이성애자라도 동성애자가 겪는 문제를 이해하지 못할 것이고 최악의 이성애자는 적이 될 것이라며 말이다.

이런 접근 방식은 문제가 많다. 예컨대, 억압받는 동성애자가 모두 자동으로 급진화해서 싸움에 나서는 것은 아니다. 동성애자 억압은 동성애자가 투쟁에 나서기 두렵게 만들고 되도록 사회에 순응하려는 열망을 불러일으킨다. 사회주의자와 급진적 동성애자가 벌이는 운동이 동성애 혐오를 부추길 수 있다는 두려움 때문에 이 운동을 비난하기도 한다. 그 결과 동성애자 억압에 맞서 가장 열심히 싸우는 투사에게 억압의 책임을 묻는다.

더구나 억압을 경험한 동성애자가 그 억압에 맞서 싸울 방법을 가장 잘 안다는 게 언제나 사실인 것도 아니다. 레즈비언과 게이들은 투쟁 방식에 대해 제각기 생각이 다르다. 일부는 노동당에 의지하고 일부는 시민 불복종을 지지하고 일부는 심지어 '동성애자 평등권을 요구하는 보수모임TORCHE'에* 동참한다.

---

* 1975년 설립된 영국 최초의 보수적 동성애자 단체.

동성애자해방전선과 히르슈펠트의 경험이 보여 주듯이 동성애자 억압을 겪는다고 사람들이 자동으로 올바른 정치로 이끌리는 것은 아니다. 오히려 혼란스럽고 잘못된 정치로 이끌리는 경우가 흔하다. 게다가 이성애자가 동성애자 해방운동에 도움이 될 수도 있다. 분리주의 정치의 결과로 '보수모임'에 속한 동성애자는 동성애자 억압에 직접적 책임이 있는 당에 협력하는데도 단지 동성애자라는 이유로 청문회 참가를 보장받지만, 이성애자 사회주의자는 동성애자 억압에 맞선 투쟁을 적극적으로 지지하는데도 그럴 수 없다.

동성애자들이 따로 조직을 가져야 한다는 주장은 모든 동성애자가 계급과 상관없이 '레즈비언·게이 공동체' 안에서 협력할 수 있다는 가정에서 나온다. 그러나 사실 계급에 따른 차이는 사회의 여느 문제에서 그렇듯이 동성애 문제에서도 매우 중요하다. 동성애자 장관과 사업가들은 현 사회에서 큰 혜택을 받는다. 이런 자들은 동성애자 억압을 없애기 위해 싸우길 절대 원치 않는다. 정말로 성적 지향이 계급보다 중요하다면 게이 백만장자는 에이즈로 병들어 죽어 가는 수천 명의 동성애자를 위해 막대한 돈을 기부해 에이즈 연구와 치료에 쓰라고 하겠지만 그런 일은 일어나지 않는다. 지배계급 동성애자는 지금의 사회에 만족하고 앞으로도 이렇게 유지되길 바란다. 많은 중간계급 동성애자는 자신의 특권이 위협받지 않는 범위 내에서 사회가 약간 변화하길 바랄 것이다. 노동계급 레즈비언과 게이는 지배계급과 중간계급 동성애자들이 생각하는 한계를 넘어서는 데 이해관계가 있다.

동성애자 노동자와 상업적 동성애자 업소 주인 사이에도 계급적 차이가 존재한다. 동성애자는 다른 장소에서는 자신의 성적 지향을 드러낼 수 없기 때문에 이런 비싼 술집과 클럽을 이용한다. 동성애자 억압이 사라진다면 동성애자들은 어떤 대접을 받을지 걱정하지 않고 아무 술집이나 클럽에 갈 수 있을 것이다. 동성애자 억압은 동성애자 술집과 클럽 주인들에게 짭짤한 이윤을 보장 해준다. 이런 사업을 하는 사람들은 레즈비언과 게이들이 동성애자 업소의 존재를 고마워해야 한다고 부추긴다. 물론 동성애자 술집과 클럽이 혐오 세력의 공격을 받거나 경찰의 습격을 받는다면 사회주의자들은 누구보다 먼저 방어 활동에 나설 것이다. 그렇지만 동성애자해방전선도 인정하듯이, 동성애자 업소는 동성애자 해방의 일부가 아니라 동성애자가 여전히 억압받는다는 것을 보여 주는 상징이다. 동성애자 업소 주인들도 일부 운동을 지지할 수는 있다. 동성애자 억압이 너무 심하면 손님이 줄어 사업에 지장을 받기 때문이다. 그러나 여느 중간계급과 마찬가지로 이들에게 가장 중요한 것은 자신의 이익을 보호하는 것이고, 따라서 동성애자가 진정으로 해방될 수 있는 사회주의 사회 건설에 반대한다.

1980년대

1974~1979년에 집권한 노동당 정부가 거듭거듭 배신을 했기 때문에 1979년에 보수당 정부가 들어섰다. 이후 10년 동안 간호사와 철강 노동자를 비롯해 사실상 모든 노동자가 공격받았고 많은 노동자 투쟁이 패배했다. 레즈비언과 게이도 공격받았다. 가장 주목할 만한 사례는 1988년에 보수당이 추진한 [지방자치법] 28조다. 이 법의 목적은 지방정부가 동성애자 조직을 지원하지 못하게 하고 학교에서 동성애가 정상이라고 가르치는 것을 막는 것이었다.

1980년대 내내 사람들은 정부의 공격에 맞서 싸웠다. 1984~1985년의 위대한 광원 파업 당시 [노동자와 더불어] 광산촌의 수많은 사람들이 1년 동안 정부와 싸웠다. 레즈비언과 게이들도 28조에 반대하는 거대하고 분노에 찬 시위를 조직하면서 반격했다. 그러나 이전처럼 노동자와 동성애자가 동시에 패배했다. 그 결과 동성애자 조직들은 투쟁을 통한 사회 변화라는 생각에서 점점 멀어졌다. 이제 분리주의자들은 정치적으로 이성애자와 따로 조직할 뿐 아니라 아예 이성애자와 최대한 거리를 두는 삶을 살았다.

1980년대 노동계급이 패배하고 사기저하된 상황에서 동성애자 업소는 크게 성장했고 많은 동성애자의 주된 관심사가 됐다. 동성애자 술집과 클럽은 정치적으로 무관심한 환경을 조성했고, 사회 전반에 여성 차별과 인종차별이 퍼져나갔다. 라이프스타일과 패션이 갈수록 중요해졌고 게이를 외모로만 식별하려는 경향이 나타났다. 라이프스타일 정치를 받아들이는 레즈비언들은 남성과의 모든 접촉을 피하려 했다. 레즈비언 페미니스트들은 성에 대해 점점 더 우파적 태도를 취했다. 이들은 포르노에 대한 검열을 요구하고, 가학·피학 성애자와 양성애자를 동성애자 집단에서 배제해야 한다고 주장했다. 레즈비언 페미니즘 내에서 도덕주의가 팽배해지면서 레즈비언 페미니스트들은 더 지독한 주장을 하게 됐고 결국 쇠퇴했다. 레즈비언 페미니즘이 쇠퇴하면서 낳은 긍정적 효과는 레즈비언과 게이가 함께 투쟁하는 일이 증가했다는 것이다. 에이즈가 확산되면서 공동 활동이 더 늘어났다.

1980년대 초 일부 레즈비언과 게이는 억압에 반대해서 싸우기 위해 노동당에 가입했다. 노동당 좌파는 이 시기에 빠르게 성장했고 여성·흑인·동성애자 억압에 맞서 싸우는 데 헌신했다. 1980년대 중반 노동당 좌파가 여러 지방정부를 장악하게 되자 사람들은 실질적 변화가 가능하다고 생각했다. 그렇지만 이런 기대는 오래가지 못했다. 노동당의 지방의원은 (좌우를 막론하고) 지난 10년 동안 사실상 아무 저항도 하지 않고 보수당의 긴축정책을 실행했고 억압에 맞선 투쟁은 의제에서 사라졌다. 10년 동안 노동당 좌파와 그들의 전략은 누더기가 됐다.

광원 파업

1984~1985년의 광원 파업은 동성애자와 노동자의 연대가 어떻게 형성될 수 있는지를 보여 줬기 때문에 특별히 언급할 만하다. 파업은 패배했지만, 광원 파업에서 노동자가 보여 준 단호함과 용기는 노동자가 더 나은 세계를 만들 수 있다고 믿는 사람들을 고무했다. 파업 전 많은 광산 지역에는 동성애 혐오와 여성 차별이 만연했다. 그러나 1년 동안 끈질기게 싸우는 과정에서 이런 편견이 깨졌다. 광원들을 지지하는 데 적극 참여한 여성과 동성애자들 덕분이었다.

런던에서 '광원들을 지지하는 동성애자들LGSM'은 사우스웨일스 광원들을 위해 수천 파운드를 모금했고 소형 버스를 기증하기도 했다. 이 단체의 동성애자들은 광산 공동체를 방문해 주민들과 동성애자 억압에 대해 토론했다. 동성애자들이 처음부터 환영받은 것은 아니었다. '광원들을 지지하는 동성애자들'의 사무국장 마이크 잭슨은 이 단체가 사우스웨일스 광원을 [지원하고 싶다고] 처음 편지를 보냈을 때 "일부 광원들은 … 대놓고 적대감을 드러내며 우리를 사우스웨일스의 웃음거리로 만들 것이라고 얘기했다"고 썼다. 파업의 경험이 이런 태도를 바꿔 놨다. 사우스웨일스여성지원단 사무국장 시안 제임스는 다음과 같이 썼다.

우리는 레즈비언과 게이를 외면했다. 우리는 그들과 아무 상관이 없었고 … 그들에게 안타까움을 느끼더라도 뭘 할 수 있겠는가. 오랫동안 우리의 태도는 이런 식이었다. 그런데 갑자기 우리가 동네북이 됐다. 경찰, 언론, 국가가 우리를 공격하고 있었다.

파업 동안 공격받은 광원들은 동성애자들이 자신들처럼 공격받는 것을 보게 됐다. 시안 제임스는 동성애 혐오가 사라진 것을 다음과 같이 묘사했다.

마을 사람들에게 게이와 레즈비언들이 다녀갔다고 말하면 그들은 "아! 그 사람들 잘 지내요? 재밌는 시간 보냈어요?" 하고 물었다. 일부 사람들은 "왜 나는 데려가지 않았어요?" 하고 말하기도 했다.

광원들은 동성애자들이 보내 준 연대에 화답했다. 광원 대표단이 1985년 자긍심 행진의 선두에 서고 전국광원노조NUM 대의원들은 1985년 영국 노총TUC과 노동당 대회에서 동성애자 권리를 지지하는 정책을 채택하도록 압력을 가했다.

광원 파업의 사례는 분리주의 정치를 뿌리째 흔들었다. 편견에서 벗어날 수 없는 이성애자와 따로 동성애자 해방운동을 건설해야 한다는 분리주의적 주장이 터무니없음을 보여 줬다. 여성 차별적이고 동성애에 대한 편견이 있는 노동자라 해도 동성애자와 노동자가 보수당과 자본가라는 공동의 적에 맞서고 있고, 함께 싸우는 것이 도움이 된다는 사실이 분명해지면 동성애자들을 지지할 수 있을 것이다.

오늘날의 동성애자 해방운동

　스톤월 항쟁 이후 동성애자들은 더 자유롭게 자신의 성적 지향을 표현할 수 있게 됐다. 동성애자 잡지가 많이 발행되고 있고 누구나 그것을 공개적으로 구입할 수 있다. 텔레비전 연속극에 게이와 레즈비언이 주인공으로 등장하는 경우도 많다. 록 밴드 퀸의 리드싱어 프레디 머큐리가 에이즈로 죽자 동성애자와 이성애자 수백만 명이 애도했다. 여러 노동조합에 동성애자 모임이 존재한다는 것은 많은 조직 노동자들이 동성애자 해방을 지지하는 게 중요하다는 것을 깨닫고 있음을 보여 준다. 1994년 공공부문노동조합은 자긍심 행진을 후원했다. 이런 분위기 덕분에 더 많은 동성애자 노동자들이 동료들에게 커밍아웃했다. 이런 행동은 다른 동성애자가 커밍아웃할 자신감을 주고 지배자들이 지속적으로 퍼뜨리는 동성애에 대한 편견을 약화시킨다.

그렇지만 이런 상황이 항상 지속되지 않을 수 있음을 인지해야 한다. 동성애자에 대한 태도는 일반적 정세와 계급투쟁 수준, 노동자 정치조직에 달려 있다.

실업률이 높고 불만이 팽배해 불안정하고 휘발성이 강한 정세에서는 정치적 급진화가 일어나 [투쟁이] 전진할 수도 있지만, 우경화해 반동으로 돌아설 수도 있다. 예를 들어, 프랑스의 파시스트 르펜은 대중의 두려움과 분노를 이용해 인종차별과 편견을 조장하면서 실질적 정치 세력으로 등장했다. 르펜은 1995년 대통령 선거에서 거의 500만 표를 얻었고 프랑스 정치에 우파적 압력을 가했다. 미국에서도 공화당이 의회를 장악하고 종교적 근본주의가 부상하면서 정치가 우경화했고 이른바 도덕적 다수파가 동성애 등 가족 가치를 위협하는 모든 것을 비판했다.

노동자 투쟁과 노동자 정치조직이 이런 흐름을 저지하지 않는다면 그동안 동성애자들이 쟁취한 성과는 유지되지 못하고 뒷걸음질 칠 것이다. 이런 상황에서 동성애자 억압에 맞서 싸우려는 모든 사람은 어떤 정치와 정치조직이 투쟁을 전진시킬 수 있는지 명확히 알아야 한다.

오늘날 동성애자 단체들이 동성애자 억압에 맞서는 방식은 여러 가지다. 일부는 법을 개혁하려 한다. 미국에서 동성애자들은 동성애자 차별 금지법 제정과 동성 결혼 합법화를 위한 운동을 벌인다. 현재 차별 금지법은 4개 주와 여러 도시에서* 통과됐다(미국 어디에서도 동성애자가 결혼할 권리는 없지만 말이다).** 법률 개혁은 분명 진보적 성과다. 그러나 법이 바뀐다고 동성애자 억압이 실제로 사라지거나 감소하는 것은 아니다. 영국의 법은 여성에게 평등한 임금을 줘야 한다고 규정하지만 영국 여성의 임금은 여전히 남성 임금의 3분의 2 정도다. 인종차별은 불법이지만 여전히 존재한다. 흑인·여성·동성애자 차별은 법으로 금지한다고 사라지지 않는다. 중앙·지방 정부가 더 많은 동성애자·흑인·여성 대표자를 내세워 억압받는 사람들의 목소리를 대변하겠다고 하는 것은 좋은 일이다. 그러나 마거릿 대처도 여성이었지만 1980년대 영국 여성의 삶은 조금도 나아지지 않았다. 여성 보건부 장관 버지니아 보텀리는 많은 병원 시설에 대한 정부 지원을 삭감했는데, 여기에는 여성의 건강과 직결된 유방암·자궁암 검사 장비 등도 포함됐다. 뉴욕과 샌프란시스코 경찰서는 동성애자 경찰관을 채용하기로 결정했지만 경찰들은 여전히 동성애자를 괴롭히고 공격한다.

---

* 2016년 현재 21개 주와 워싱턴 D.C에 차별 금지법이 존재한다.

** 2015년 6월 연방 대법원에서 동성 결혼을 합헌으로 판결했다.

콜린 파월(미국이 이라크를 상대로 벌인 걸프전에서 주도적 구실을 한 흑인 장관)은 흑인 노동자에게 도움이 될 만한 일을 전혀 하지 않았다.

영국의 동성애자 단체 스톤월은 대체로 유명 인사와 법을 바꿀 힘이 있는 사람들에게 로비하는 데 의지했다. 영국에서 동성애자의 성관계 동의연령을 이성애자와 동등하게 만들기 위해 스톤월은 시위나 대중행동보다는 국회의원을 만나거나 그들에게 편지를 보내는 데 집중했다. 1994년에 법률 개정안이 부결되면서 이 전략이 실패했음이 분명히 드러났다. 편견에 사로잡힌 의원들은 논리적 주장으로는 설득되지 않는다. 요구를 들어주지 않으면 큰일 나겠구나 생각할 만큼 거대하고 분노한 저항에 떠밀려야만 이 자들은 평등권에 표를 던질 것이다.

또한 법률 개혁 운동은 동성애자에 대한 주류 정당의 지지가 얼마나 미약한지도 보여 줬다. 미국의 많은 동성애자들은 군대에서 동성애자를 쫓아내지 않겠다는 약속을 믿고 빌 클린턴에게 투표했다. 언론과 고위 공직자들의 반발에 부딪힌 클린턴은 재빨리 '묻지도 말하지도 말라'는 정책으로 물러섰다(이 정책은 동성애자의 커밍아웃을 금지하는 것으로, 성적 지향을 숨긴다면 군 생활을 편하게 할 수 있다는 것이다). 영국 노동당은 성관계 동의연령법을 부결시키는 데 힘을 보탰다. 예비 내각에 포함된 앤 테일러와 데이비드 블렁킷을 비롯한 노동당

의원 30명이 평등권에 반대표를 던졌기 때문에 법안이 부결됐다. 심지어 그 중 6명은 보수당 우파와 얼스터 통합주의자와 함께 동성애자의 성관계 동의연령을 현행 그대로 21세로 유지하자는 개정안에 투표하기도 했다.[*]

다시 한 번 체제 내의 대안은 동성애자에게 희망이 될 수 없음이 판명됐다.

동성애자 해방운동의 전투성이 부활하다

1987년까지 미국에서 에이즈 환자는 3만 2000명에 달했다. 뉴욕에서 동성애자 수천 명이 죽었다. 에이즈에 대한 정부와 거대 기업의 편견과 무관심에 맞서 싸우기 위해 액트업ACT UP 이 뉴욕에서 처음 만들어져서 미국 전역과 전 세계로 퍼져나갔다. 이들은 시위를 벌이고, 에이즈 관련 약품의 가격 인하와 에이즈 환자의 조속한 치료를 위한 시민 불복종 운동에 참여했다. 액트업은 정치적 행동으로 지배계급이 에이즈에 더 많은

---

* 1994년 동성애자의 성관계 동의연령은 21세였다. 이것을 이성애자와 똑같은 16세로 낮추자는 개정안이 발의됐지만 부결됐고 18세로 낮추자는 개정안은 통과됐다. 현재 동성애자의 성관계 동의연령은 이성애자와 똑같이 16세다.

돈을 쓰도록 압력을 가할 수 있음을 보여 줬다(여전히 턱없이 부족한 금액이기는 했지만 말이다).

1990년에 액트업의 동성애자들은 '퀴어네이션Queer Nation'을 결성했다. 이 모임은 다른 도시로 빠르게 퍼졌다. 영국에서는 퀴어네이션과 비슷한 정치를 가진 '아웃레이지Outrage!' 같은 모임들이 결성됐다. 동성애자에 대한 보수당의 공격(예컨대, 28조)은 거대한 시위를 불러일으켰다. 사람들은 반격할 필요를 느꼈고, 그들의 투쟁이 지지받을 수 있음을 알았다. 1991년에 캘리포니아 주지사가 동성애자에 대한 고용 차별을 금지하는 법안에 거부권을 행사하자 퀴어네이션은 샌프란시스코에서 반란을 선동했다. 레스토랑 체인 크래커배럴이 '미국의 가족 가치'에 위배된다는 이유로 동성애자 노동자들을 해고하자 퀴어네이션은 해고자들을 도와 연좌시위와 항의를 조직했다.

액트업이나 퀴어네이션 같은 단체는 동성애자 억압에 대항해 진지하게 싸우려 했기 때문에 매우 전투적인 동성애자들을 끌어들였다. 그렇지만 회원 수는 여전히 소수였다. 그 이유는 이 단체의 정치 때문이었다. 이들은 많은 사람을 동원하기 위해 노력하기보다는 대중적으로 알려지는 데만 집중했다. 액트업의 미켈란젤로 시뇨릴레는 이런 시위 방식을 만족스럽게 평가하면서 "우리는 잘 준비된 서커스를 벌였다"고 말했다.

영국의 아웃레이지도 소수가 행동을 벌여 언론의 주의를 끄는 데 집중했다. 회원들은 피커딜리 광장에서 입맞춤하거나 웨스트민스터 성당의 미사를 방해하거나 노동당 전국집행위원회 회의에 뛰어들어 고무로 만든 닭을 휘둘렀다. 이런 행동은 언론에는 노출됐지만 현실에서는 아무 변화도 가져오지 못했다.

이 단체들이 받아들이는 정치는 동성애자 억압에 맞서 싸우는 데 대다수 사람들이 별 쓸모가 없다는 것을 함의한다. 또한 이성애자는 모두 편견에 사로잡혀 있다고 주장한다. 그래서 뉴욕의 동성애자 잡지 〈아웃위크〉는 "나는 이성애자를 증오한다"는 머리기사로 표지를 장식하기도 했다. 이들은 대다수 동성애자도 골방에 처박혀 있고 시뇨릴레의 표현을 빌리면 "비굴하고 위선적이고 스스로를 혐오하는 괴물들"이기 때문에 쓸모없다고 생각했다. 온건한 동성애자 단체와 활동가들도 배척됐다. 1993년 4월 워싱턴에서 동성애자의 권리를 요구하는 행진에 100만 명이 참가했는데, 그 후 '이성애자 행세하는 동성애자에 반대하는 동성애자 연합QUASH'이라는 단체가 〈나는 왜 워싱턴 행진을 싫어하는가?〉라는 소식지를 발행했다. 그 글은 "행진에 100만 명이 참가했다고? 그럴 수도 있다. 그런다고 누가 신경이나 쓰겠냐!"라는 말로 끝맺는다.

당연하게도 퀴어네이션과 아웃레이지 같은 단체는 전국 규모의 운동을 건설하지 못했고 저항하고자 하는 많은 게이와 레즈비언들을 조직하지도 못했다.

이런 단체들은 초기 동성애자해방전선이 가졌던 혼란된 이론을 '정체성 정치'라는 한 묶음의 사상으로 다듬었다. 그러나 이 정치는 단결한 집단적 투쟁에서 멀어지게 했다. 역사적 경험은 이런 투쟁이 모든 억압에 맞서 싸우는 데 핵심이라고 알려 주는데도 말이다.

형편이 되는 사람들은 동성애자 전용 업소에서 자유롭게 자신의 성적 지향을 드러낼 수 있다. 클럽에서 놀기, 쇼핑과 유행에 따라 옷 입기가 해방된 행동인 양 느껴진다. 그러나 절대다수의 동성애자들은 이런 것을 누릴 수 없다. 더구나 정체성 정치는 사회에 널리 퍼진 동성애 혐오에 도전하기보다는 동성애자 사업가가 돈을 벌 수 있도록 상업적 동성애자 업소를 확대하는 데 집중했다. 특정한 라이프스타일을 미화하는 것은 동성애자 권리를 위한 투쟁에 최대한 광범한 지지를 모으는 일과 정면으로 대치된다.

흔히 동성애자 해방의 결과라고 여겨지는 특정 정체성에 대한 관념이 실제로는 사회의 동성애에 대한 편견을 반영한 경우가 있다. 예를 들면, 많은 동성애자들이 독특한 '게이 감수성'이라는 관념을 받아들이는데, 이것은 게이가 더 사려깊고 예술적이며 레즈비언은 더 공격적이고 야망에 차 있다는 반동적 생각을 담고 있다.

오늘날 일부 동성애자 단체가 '퀴어'라는* 단어를 사용하는 것은 분리주의적 조짐을 보여 주는 것이다. 초기 동성애자 활동가와 그 지지자들의 노력 덕분에 1970년 초 이후 이 단어는 편견을 조장하는 자들만 사용했다. 그러나 1990년대 초에 급진적 동성애자 단체의 회원들이 자신과 자신의 정치를 설명하기 위해 이 단어를 쓰기 시작했다. 이들은 '게이'는 단지 남성만 지칭하지만 '퀴어'는 남성과 여성을 모두 가리킨다고 말하면서, 자신들이 편견 조장자에게서 이 단어를 되찾아오는 거라고 주장했다. 더 큰 문제는 이 단어를 일부러 논란을 불러일으키는 식으로 사용한다는 점이다. 예를 들어, 이들은 '존나 변태 같은'이라고 쓰인 티셔츠를 입고 다닌다. 그렇지만 일부 동성애자들이 어떤 의미로 이 단어를 사용하는지와 상관없이 '퀴어'라는 말은 모욕적이다. 동성애자 해방운동이라는 좁은 세계를 한 발짝만 벗어나서 보면 동성애자에게 조금이라도 예의를 지키려는 사람들은 동성애자를 '퀴어'라고 부르지 못하게 하려고 노력한다. 사회와 거의 단절하고 같은 견해를 가진 사람들하고만 토론하는 사람만이 '퀴어'라는 단어를 긍정적으로 쓸 수 있을 것이다.

동성애자 억압에 분노하지만 그에 맞선 진정한 운동을 건설

---

* 변태, 변태 같은 이라는 뜻이다.

하기 어렵다는 비관적 전망을 한 동성애자 활동가들은 '아웃팅'이라는 새로운 활동을 시작했다. 1989년에 〈아웃위크〉는 동성애자 유명 인사를 여러 명 폭로했다. 동성애자 의원 50명을 공개하겠다고 협박한 동성애자 활동가도 있었다. 1994년 영국의 아웃레이지는 동성애에 대한 영국 국교회의 태도에 항의하는 방식으로 동성애자 주교들을 폭로했고 동성애자 의원 명단도 폭로하겠다고 협박했다. 물론 동성애자 공격을 용인하거나 심지어 동참하는 동성애자 정치인, '이미지'와 돈 때문에 이성애자 행세하는 연예인은 경멸스럽다. 그렇지만 이런 자들을 동성애자라고 폭로하더라도 평범한 동성애자에게는 아무런 득이 되지 않는다.

커밍아웃을 선택한 사람들은 자신의 성적 지향을 당당하고 긍정적으로 느끼기 때문에 그렇게 할 수 있다. 그러나 '아웃팅' 당한 사람들은 자신의 성적 지향을 부끄럽게 여겨 그동안 그것을 숨겨 온 사람들이다. 이들을 '아웃팅'하는 것은 그것을 당한 사람뿐 아니라 다른 동성애자들에게 자신감을 주지 못하고 오히려 성적 지향을 부정하게 만든다. 그래서 '아웃팅'은 세상에는 동성애자가 흔하고 동성애는 부끄러워할 일이 아니라는 분위기를 확산시키기보다 동성애는 숨기고 싶은 추잡한 비밀이라는 인상을 줄 뿐이다. 그래서 레즈비언과 게이 노동자들이 커밍아웃할 자신감을 떨어뜨린다.

급진적 동성애자 단체는 법률 개혁을 추구하는 온건한 집단을 적대하지만 이들 자신도 방식만 다를 뿐 체제 개혁에 머무른다. 퀴어네이션은 비타협적인 미사여구를 사용하지만 동성애자 친화적 자본주의를 만들고자 했다. 역사가 릴리언 페이더먼은 퀴어네이션이 기업들에 다음과 같이 요구했다고 지적했다.

차별 반대 선언문에 서명하면 분홍색 삼각형이나 무지개 깃발 표시를 사용할 수 있고 동성애자들은 그 표시를 보고 귀사의 물건을 선택할 수 있다.

아웃레이지의 피터 태첼(마그누스 히르슈펠트의 개혁주의 전통을 따른다)은 모든 차별을 법으로 금지하는 평등권 운동을 주장했다. 이것은 모든 사회주의자가 지지할 만한 운동이지만, 히르슈펠트의 경험이 보여 줬듯이 치명적 약점을 가진 전략이다.

오늘날 동성애자 단체의 분리주의적 경향은 억압받는 다른 집단의 의구심을 산다. 동성애자 해방운동 안에 인종차별적 생각이 점점 더 커지는 듯하다. 예를 들어, 1994년 자긍심 행진 이후 행사 장소를 브릭스턴(자긍심 행진의 전통적 근거지다)에서 다른 곳으로 옮기자는 요구가 있었다. 흑인이 백인보다 동성애를 더 싫어한다는 이유에서였다. 편견에 찬 이 요구는 흑인과 동성애자의 분열을 심화시킬 수 있다. 흑인과 동성애자는 모두 사회를 운영하는 자본가와 정부라는 진정한 적에 맞서 단결하는 데 공동의 이해관계가 있다.

사회주의자들은 어떻게 주장해야 하는가

우파 정치인들과 논평가들은 항상 체제의 잘못을 떠넘길 희생양을 찾으려고 한다. 한부모, 흑인, 집시, 이방인은 사회에 만연한 부패의 원인이라고 비난받는다. 동성애자도 단골 희생양이다. 사회주의자들은 다른 모든 억압받는 집단들을 방어하듯이 동성애자 억압에도 반대한다.

동성애자 억압은 최소 비용으로 새로운 노동자 세대를 재생산해야 하는 자본주의의 필요와 밀접하게 연관돼 있다. 이 목적을 이루는 가장 좋은 방법은 육아와 가사 비용을 노동자 개인에게 최대한 많이 떠넘기는 것이다. 그래서 사회는 '결혼해서 두 아이가 있는' 가정을 이루는 것이 '정상적으로' 살아가는 유일한 길이라고 부추긴다.

모든 사람이 이렇게 사회적으로 강요된 체제 아래서 자신이 바라는 삶보다 훨씬 더 경직된 생활양식에 따라 살며 고통받는다. 이런 '질서'는 우리의 개인적·정서적·성적 생활을 자신이 아닌 체제의 필요에 끼워맞춘다. 이런 '질서' 밖에 있는 사람은 차별받는다. 이들의 성적 지향이 정해진 생활양식과 다르기 때문이다. 동성애자는 도덕주의자와 편견에 찬 사람들에게 언제나 거슬린다. 동성애자는 가족 가치와 절대 조화를 이룰 수 없을 것처럼 보인다. 게다가 그들은 명백히 '출산을 위해서가 아니라 순전히 쾌락을 위해' 성관계를 한다! 그 결과 동성애자들은 자신의 성적 지향 때문에 번번히 해고당하거나 일자리를 얻지 못하고, 툭하면 언론에서 웃음거리가 되고 집을 살 때 차별받고 언어적·육체적 공격의 표적이 된다. 입양이나 인공수정이 거부당할 수도 있다.

사회주의자들이 이런 억압의 존재를 인정하고 반대하는 것은 원칙적 문제다. 그렇지만 동시에 모든 게이와 레즈비언이 똑같이 억압당한다고 보지 않는다. 1960년대 말 동성애자 해방운동이 시작된 이래, 동성애자 해방운동의 중심에는 항상 분열이 있었다. 여성 억압과 마찬가지로 동성애자 억압도 모든 당사자에게 영향을 미치지만 그 정도는 계급에 따라 다르기 때문이다.

대중교통을 이용하지 않아도 되고, 형편없는 주택에서 살

필요가 없고, 동성애자 클럽과 술집을 운영해 이윤을 얻을 수 있는 사람은 최악의 억압에서 스스로를 보호할 수 있다. 반면 거의 집에서 생활하거나 다른 동성애자와 거의 접촉이 없는 노동자는 그럴 가능성이 없다.

이 때문에 노동계급보다 중간계급 동성애자는 자신의 성적 지향을 더 많이 드러낼 수 있다. 이것은 동성애자들이 자신의 라이프스타일을 바꾸면 억압에서 벗어날 수 있다고 믿는 라이프스타일 정치가 흔히 나타나는 이유이기도 하다. 동성애자 억압을 부분적으로 차단하고 게이와 레즈비언이 환영받는 안락한 삶을 이루는 것이 최선으로 보일 수 있다.

편안한 삶을 살고 싶은 마음은 이해할 수 있지만 이것은 매우 자멸적 전략이다. 이 전략은 노동계급 운동과 억압받는 다른 집단과의 단결을 약화시킨다. 억압받고 착취당하는 사람들의 공동의 이해관계가 아니라 동성애자와 다른 집단과의 차이를 강조하기 때문이다.

사회주의자들은 동성애자 해방을 쟁취하는 가장 좋은 방법은 노동계급 운동 속에서 동성애자와 이성애자가 단결해 싸우는 것이라고 주장한다. 사람들에게 동성애자 해방을 지지해야 한다고 설득하는 게 항상 쉬운 것은 아니다(과거의 많은 노력 덕분에 훨씬 쉬워졌지만). 그러나 동성애자든 아니든 모든 노동자의 적은 똑같기 때문에 단결은 가능하다. 동성애자에게 평등한 성관계 동의연령을 허락하지 않는 이 체제는 모든 노동자에게 임금을 충분히 주는 것도 거부한다. 그리고 에이즈 치료 방법을 개발하고 국민보건서비스NHS를 운영할 충분한 정부 지출도 거부한다.

해방을 위한 열쇠는 대다수 동성애자와 모든 노동자의 계급적 이해관계가 같다는 것을 이해하는 것이다. 노동계급과 단절한 동성애자 해방운동은 목소리만 요란한 소수로 남아 있을 것이다(그렇다고 해도 사회주의자들은 이들을 항상 지지할 것이다). 그러나 노동계급과 단절하는 것은 우리의 공동의 적이 가장 두려워하는 무기, 즉 정치적으로 각성되고 단결한 노동계급 운동을 내던지는 것이다.

해방과 사회주의 혁명

여성, 흑인, 동성애자는 자본주의 사회에서 억압받는 집단이다. 사회주의자는 억압에 맞선 모든 투쟁을 지지한다. 더 많은 여성과 흑인을 기업 임원과 국회의원으로 만드는 운동이나 경찰 조직 안에서 벌어지는 차별과 괴롭힘에서 벗어나려는 여성과 흑인 경찰의 행동마저도 말이다. 억압에 대한 대응으로 여성이나 동성애자가 별도의 조직을 만들려 한다면 사회주의자들은 그들이 그렇게 할 권리가 있다고 방어할 것이다. 특히 그들이 언론이나 노동운동 우파의 공격을 받는다면 더더욱 그래야 한다.

그러나 자본주의 체제 내에서 평등하게 대접받기 위한 투쟁이나 노동계급 운동과 분리하는 방식은 억압에 맞서 싸우는 효과적인 방법이 아니다. 이런 전략을 따르면 대다수 노동계급 여성과 흑인과 동성애자가 당하는 억압에 도전할 수 없다.

가장 효과적인 저항 방법은(영국의 잇따른 낙태 금지법 반대 운동이 그랬던 것처럼) 남성과 여성, 흑인과 백인, 동성애자와 이성애자를 모두 끌어들이고 노동조합운동 안에서 실천적·재정적 연대를 늘리는 것이다. 사회주의자들은 그동안 동성애자 권리를 방어하는 투쟁에서 좋은 전례를 남겼다. 1993년 영국 반즐리의 경찰이 비공개 동성애자 파티를 습격해서 '외설 행위'로 3명을 체포했다. 사회주의자들이 주도해서 동성애자와 노동조합 활동가들과 함께 지역 경찰서 앞에서 항의 시위를 했다. 동성애자 간호사가 셰필드의 할램셔 병원에서 해고됐을 때 사회주의자들은 복직 운동을 벌였다. 1995년 나치 집단 컴뱃18이 자긍심 행진을 습격하겠다고 협박했을 때, 반나치동맹에서 활동하던 사회주의자들과 인종차별 반대 활동가들은 몇 주 동안 런던 이스트엔드 지역 곳곳을 돌아다니며 리플릿을 배포하고 서명을 받았다.

그리고 더 나아가 억압을 뿌리뽑기 위한 근본적 사회변혁을 위해서는 체제의 표면적인 병폐만 개혁하는 것에 그쳐서는 안 되고 억압의 근본 원인을 해결해야 한다. 값싼 노동력을 얻기 위해 노동력 재생산 비용을 개별 가정에 부과하고 성에 관한 고정관념을 부추기는 자본주의 자체가 문제의 원인이다.

따라서 여성이라는 이유로, 또 성적 지향을 이유로 억압받는 사람은 노동자라는 이유로 착취와 억압에 시달리는 사람과 똑같은 적을 갖는다. 바로 자본가계급 말이다. 물론 언론과 기성 정치인은 노동자와 억압받는 사람이 공동의 이해관계를 갖는다는 것을 은폐하기 위해 애쓴다. 자본주의는 언제나 억압받고 착취당하는 사람들끼리 서로 싸우게 만들었다.

그러나 투쟁 과정에서 노동자는 자본주의 체제 전체를 뿌리뽑아야만 자신이 해방될 수 있다는 생각을 발전시킬 수 있다 (남성이든 여성이든, 동성애자든 이성애자든, 흑인이든 백인이든 상관없이 말이다). [이런 생각이 더 확산되려면] 단결된 노동계급 운동이 억압받는 사람들의 투쟁을 지지해야 하고 이런 연대에 기반해 억압받는 사람들을 설득하고 그들과 함께 혁명으로 나아가야 한다. 그리고 이런 활동에는 노동계급 정당이 필요하다. 노동당은 노동자와 억압받는 사람들의 이익을 위해 싸울 수 없다는 것을 거듭 보여 줬고 심지어 최근에는 개혁마저 이룰 수 없음을 보여 줬다. 우리에게는 노동자로 구성되고 1917

년 볼셰비키의 전통을 따르는 혁명적 정당이 필요하다. 혁명적 정당은 억압과 억압을 낳는 자본주의를 끝장내는 투쟁을 이끌어야 한다.

사회주의 없이는 억압받는 사람들의 해방이 있을 수 없고, 억압받는 사람들의 해방 없이는 사회주의도 있을 수 없다. 동성애자 억압을 영원히 끝장내기 위한 투쟁에 함께하자!